Relatos de la otra realidad

Sixto Paz Wells

Título original: *Relatos de la otra realidad*

Segunda edición: Abril 2016

www.editorialkolima.com

Autor: Sixto Paz Wells
Dirección editorial: Marta Prieto Asirón
Diseño y maquetación de cubierta: Patricia Fuentes
Maquetación: Carolina Hernández Alarcón y Rocío Marcos Sanz
Imagen de portada: ©radFX/shutterstock.com

ISBN: 978-84-163644-1-1
Depósito legal: M-31384-2015
Impreso en España

No hay una realidad,
sino muchas realidades
con las que convivimos
a menudo.
Y, generalmente,
en vez de enfrentarlas
y entenderlas,
preferimos desconocerlas
y hasta olvidarlas.

A Marina, mi compañera y maestra,
un ser de luz, bello, sabio e inspirador.
A Pedro y Gloria Kubierschky, quienes,
con su calidad humana y generosidad,
me han enseñado la dimensión
más elevada de la amistad.
Y a todas y cada una de las personas
que me confiaron sus historias, sabiendo
que las valoraría y las presentaría al mundo
como la revelación de una realidad con la que
convivimos pero que pocos nos atrevemos
a reconocer y entender.

Índice

Introducción

No hay una vida
sino muchas existencias.
No hay una vivencia
sino muchas experiencias;
porque una vida no es suficiente
para aprenderlo y vivirlo todo.

Si uno pone atención, no hay vidas planas. Cada existencia está llena de momentos mágicos, de pequeños o grandes milagros, sueños proféticos, advertencias y avisos que proceden de otros planos o dimensiones que, si los sabemos escuchar, nos pueden consolar y hasta librar de grandes desgracias o situaciones traumáticas.

Solemos pasar por alto o no dar mayor importancia a las extrañas circunstancias en las que nos llegan señales o avisos. Preferimos no comentar con otras personas semejantes vivencias ante el temor de la incomprensión y la burla, o, por comodidad, hasta dudamos de lo experimentado y lo olvidamos. Pero cómo explicar cuando al pie de nuestra cama aparece una sombra o un ser luminoso; cuando entramos en una habitación y observamos una esfera de luz moviéndose alegremente ingrávida, cuando soñamos la muerte de alguien y nos enteramos al poco tiempo de que ha sucedido; cuando llegamos a un lugar y sentimos claramente que, aunque no lo conocíamos en esta vida, ya habíamos estado allí. Es más fácil para nosotros negar un hecho insólito e inexplicable que quedarnos pensando y meditando acerca de su origen y sentido.

Un milagro, un aviso, un pálpito, una corazonada, una intuición o hasta un sueño, abren delante nuestro un abanico de posibilidades infinitas. Si nos atrevemos a investigar, podemos llegar a descubrir el por qué de muchas cosas.

Pero lo primero es entender y verificar la existencia de realidades paralelas, de otros planos desde donde se nos está monitoreando o ayudando.

Un milagro es un hecho insólito, algo inexplicable y sobrenatural y hasta cierto punto mágico. Y lo mágico es algo que está fuera de nuestra comprensión; algo que nos anuncia que no estamos solos, que hay fuerzas y entidades, que bajo ciertas condiciones, buscan interactuar con nosotros.

Lejos de toda paranoia, es frecuente que mucha gente se sienta observada pero, ¿cuál podría ser el origen de esa observación? ¿Será algo real o será sólo el producto de una fantasía o del estrés que nos producen nuestro ajetreado estilo de vida actual? Si fuese algo real, ¿podría tener su origen en entidades extraplanetarias o interdimensionales que están pendientes de nuestro desenvolvimiento y que necesitan observarnos y aprender a través nuestro o que simplemente quieren ayudarnos?

Si tuviéramos contacto con una persona extraída de la selva amazónica, que no haya tenido acceso a la cultura y a la tecnología de la civilización moderna, ¿cómo podríamos explicarle, teniendo o no a mano un teléfono móvil, que en el aire flotan ondas electromagnéticas cargadas de señales de Internet, programas de radio e imágenes y sonidos de televisión? Aun si pudiera verlas pensaría que es brujería o algo divino.

Aunque la Humanidad ha avanzado mucho en los últimos doscientos años, todavía es más lo que desconocemos que lo que realmente sabemos. Y en esa ignorancia convencionalmente aceptada, podrían existir otras realidades que, aunque las sentimos y percibimos a veces, escapan a nuestra comprensión o requieren por parte nuestra estados alterados de conciencia para verificarlas o interactuar con ellas.

Son innumerables los casos de personas que soñaron o sintieron angustia cuando tenían que abordar un vuelo y viajar en él. En muchos de ellos la confirmación de la naturaleza premonitoria de sus sueños vino tras un trágico accidente. De forma similar podríamos mencionar las advertencias sobre accidentes navales, automovilísticos, deportivos, etc. El común denominador de estas señales o advertencias podría ser, además del de preservar y valorar la vida, tomar conciencia de que cada existencia tiene un objetivo y que todos contribuimos a un plan mayor. Hacer caso a los mensajes puede cambiar el destino, tanto individual como colectivo, que no es inamovible.

Muchos autores han dedicado sus obras a relatar casos de personas que estuvieron clínicamente muertas y volvieron a la vida con recuerdos de vivencias en otro plano, donde se encontraron al final de un túnel con familiares fallecidos o con seres angelicales. Estas experiencias de muerte se asemejan mucho a los denominados «viajes astrales» o «desdoblamientos», que serían como una muerte anticipada y que permiten a la persona vivir experiencias más allá de los límites físicos. Pero no todas las personas recuerdan sus sueños, ni todos los sueños son sólo afloramientos del subconsciente; algunos sueños arrojan imágenes y vivencias que bien podrían ser experiencias reales y algunos otros, recuerdos de vidas anteriores.

Hoy por hoy el desarrollo de la física cuántica está permitiendo que los científicos teoricen en relación a los «universos paralelos», a los «portales interdimensionales», a la «conciencia y memoria colectiva» y hasta a la «supervivencia del alma o la conciencia más allá de la muerte física». Podría ser que estemos muy cerca de verificar científicamente la existencia de otros cuerpos en el ser humano que nos permitirían vivir experiencias paralelas o simultáneas en otras realidades. También se estarían comprobando otros fenómenos que incluirían la reencarnación como una posibilidad de mucha lógica y sentido común, que explicaría, más allá de la genética y la epigenética, las experiencias y el conocimiento previo que tenemos de algunas cosas.

En este libro he reunido varias historias reales que me han sido confiadas generosamente por personas amigas que deseaban compartir sus vivencias. En varias de ellas he preferido alterar los nombres de los protagonistas pero en todas hay un común denominador que es: ayuda para ayudar, advertir para corregir, y prever para evitar.

Y es que el ser humano es un ser social. Se realiza en grupo a través de relaciones humanas, de tal manera que no hay realmente vidas aisladas. Lo que uno logre o haga en su vida afecta directa e indirectamente a muchos, y la ayuda que una persona pueda recibir para que se encamine, reaccione o se integre, es capaz de generar reacciones en cadena de beneficio colectivo, aunque en un primer momento esto no se pueda apreciar.

Estoy seguro de que el lector se identificará con más de una de estas historias, ya sea porque ha vivido algo similar o porque conoce de manera cercana a quienes las han vivido. Relato cada historia lo más fielmente posible a la de quien me la confió y, al pie de la misma, añado algunas reflexiones tratando de interpretar el tipo de experiencia y su posible sentido.

Espero que este libro genere como reacción el que todos nos atrevamos a encarar estos hechos insólitos contándolos y comentándolos, para entenderlos e incrementarlos en nuestra vida, para que ésta sea protegida, intensa, consciente y todo lo mágicamente que nosotros permitamos.

El autor

Al aeropuerto en silla de ruedas

Hay sueños y sueños,
algunos de los cuales son avisos.
Y estos avisos son señales
de que no tenemos todo el tiempo del mundo
para hacer lo que debemos hacer.

Aida, que había sido una excelente alumna en la facultad de psicología de la Universidad Garcilaso de la Vega, se encontraba en la Unidad de Cuidados Intensivos del Hospital San Pablo de Lima. Había sido ingresada allí después de dos días de violentas diarreas y nauseas en su casa. Su salud estaba resquebrajada por una diabetes agresiva y una insuficiencia renal que habían comenzado hacía 25 años a raíz de la muerte de su querido padre.

Don Mario, el padre de Aida, era marino mercante con un sueldo envidiable y la oportunidad de conocer el mundo y hacer negocios en cada viaje. Producto de años de intenso trabajo había acumulado un patrimonio importante, pero lo tenía invertido en una financiera no muy formal que ofrecía grandes intereses. A pesar de que se le había advertido de la inseguridad de la inversión, la promesa de grandes dividendos le atraía. Por cambios en la empresa y renovación del personal, a don Mario se le ofreció una jubilación anticipada, cosa que le perjudicaba y le resultaba altamente inconveniente por su ritmo de vida. Como no aceptó se le castigó manteniéndolo en tierra y pagándole el sueldo mínimo que correspondía, el cual era insignificante en comparación con lo que ganaba en los viajes. Esto le deprimió mucho agravándose la diabetes que ya padecía, siendo el golpe de gracia para el hombre la intervención del gobierno en la financiera y la declaración de quiebra de la misma sin esperanza alguna de devolución de sus aportaciones a los clientes. Esto le afectó tanto que enfermó gravemente, debiendo ser internado de emergencia en el hospital.

Aida le visitaba allí a diario preocupándose por levantarle en lo posible el ánimo y consolándolo. Una noche ella quiso quedarse con su padre para hacer la guardia nocturna, pero él no se lo permitió.

–¡Hija márchate a tu casa, tus hijas están solas!

–No te preocupes papá que puedo llamar a mi suegra para que se quede con ellas, y así me quedo esta noche.

–Márchate tranquila. No te preocupes, yo estaré bien. Mañana vuelves.

A pesar de que Aida insistió, no hubo forma de convencer al padre, y ella se fue a casa con la intención de volver al día siguiente. A media mañana recibió una llamada del hospital informándole fríamente de que el estado de su padre había empeorado y había fallecido. Desesperada se fue al hospital y, con profundo dolor, reconoció a su padre que ya estaba en la morgue. Sintió entonces el impulso de subir a la habitación donde había estado internado. Allí comprobó que la noche anterior las ventanas habían sido abiertas por una enfermera, lo cual había ocurrido al poco rato de que ella se hubiera ido. La profesional seguramente consideró que la habitación estaba muy caliente y había que ventilarla. La corriente de aire frío había hecho que a su padre le diera una pulmonía fulminante debido a lo frágil de su salud.

El dolor y la impotencia que sintió Aida fueron terribles, más aún cuando tuvo que ser fuerte y no llorar para no deprimir más a su madre que sí se dejó llevar por el llanto y la tristeza. Hasta sus dos hermanos varones, menores que ella, se apoyaron en su entereza, siendo demasiada la presión sobre su persona. Aida, como hermana mayor, tuvo que ser la columna fuerte sobre la que se apoyaba toda su familia, mientras ella contenía su tristeza y su dolor. Por otro lado en ella también quedó un sentimiento de culpa por no haberse quedado con el padre para haber evitado su muerte, o por lo menos para haberlo acompañado en su tránsito.

Lo peor de todo esto fue que al mes se le detectó a ella diabetes, la cual se fue agravando con la muerte de una serie de familiares cercanos y hasta de sus mascotas lo que incrementó el malestar acumulado, sin encontrar ella la forma de desfogar todo ese dolor contenido.

Después de varios años con algunas crisis diabéticas en su haber, se encontraba en el hospital por una violenta infección al riñón. Su estado se agravó tanto que la ubicaron al lado de los enfermos terminales, sin que los médicos supiesen qué antibiótico emplear para combatir la infección pues ella era alérgica a la penicilina y a algunos otros medicamentos.

Después de quince días de lucha infructuosa, los médicos creyeron haber encontrado el remedio para combatir y controlar la infección, por lo que la sacaron de la Unidad de Cuidados Intensivos y la pusieron en una habitación. A los pocos días le dieron el alta. Sin embargo, a los cuatro días de haber regresado a su casa, tuvo que ser reingresada con un cuadro mucho más grave que el anterior. Estuvo nuevamente en Cuidados Intensivos, y después de varios días de lucha incesante, el médico consideró que ahora sí se había logrado controlar y erradicar definitivamente la bacteria causante de la infección. Después de pasar unos días más en la habitación del hospital regresó a su casa. Pero a los seis días tuvo un cuadro de preinfarto por pérdida de potasio ocasionado por todo ese mes de vómitos y diarreas que la llevó a ser hospitalizada por tercera vez en poco tiempo.

En ese estado sintió que se le iba la vida, cuando soñó que estaba en un aeropuerto en silla de ruedas vestida con su bata de hospital, y quien la llevaba era su suegra, fallecida siete años antes. La muerte de la suegra, a quien Aida estimaba mucho, había sido una de las sensibles pérdidas que había tenido que enfrentar en los últimos años. Su suegra Rosa María, fallecida de cáncer de pulmón, aparecía serena y tranquila en el sueño. Iba empujando la silla de Aida llevándola por la terminal aérea hacia un gigantesco avión blanco tipo Jumbo al que subía cantidad de gente vestida igualmente de blanco con sus maletas. Todos llevaban maletas.

En el sueño Aida le decía a su suegra:

–Yo no puedo subir al avión Rosa María. No tengo conmigo mi pasaporte ni mis maletas ni mi bastón –Aida venía usando bastón por una lesión de cadera que también le había dañado la rodilla opuesta.

Rosa María le sonrió y soltó de inmediato la silla dejando de empujarla.

Cuando despertó de su sueño lo recordaba claramente y se lo contó a su marido José, el hijo de Rosa María, éste se sorprendió por el posible simbolismo o representación del mismo: aún no era el tiempo de que ella muriese... A partir de ese momento, Aida comenzó a mejorar.

Poco tiempo después la madre de Aida falleció y todos a su alrededor temían que esto fuera demoledor para ella; y así parecía ser. En el velatorio, cuando recibía los innumerables abrazos de condolencia de los amigos y conocidos, sufrió un repentino desmayo. Fue llevada de regreso a su casa, sintiéndose desvanecer en todo el camino. Y ni bien entró en su habitación, delante de ella empezaron a saltar las puertas de los armarios, cayendo pesadamente al suelo y estallando los espejos. Eso hizo reaccionar a Aida, y de la sorpresa y el susto se le fue toda la debilidad y el desasosiego. En ese momento sintió que su madre se había despedido violentamente como diciéndole:

–Reacciona hija mía, tú aún tienes que continuar. Ya fuistes mucho tiempo nuestro, ahora debemos apoyarte a ti...

Hoy por hoy Aida se encuentra con su salud frágil pero con el ánimo fuerte. Después del sueño, sabiendo que estuvo tan cerca de marcharse hizo su propia catarsis, pudiendo sacar de su interior el sentimiento de culpa que la atormentaba y liberándose al fin de todo el dolor y la pena contenidos durante tantos años.

Durante mucho tiempo había habido varias personas profesionales y terapeutas que le habían querido ayudar, incluso su marido, pero era algo que ella misma tenía que hacer: perdonarse y liberar el dolor, exprimiendo su corazón antes de que éste terminara por acabar con su vida prematuramente. Ella, como muchas personas, ha tomado conciencia de que hay situaciones del destino de las personas que no están en nuestras manos, y que en vez de buscar culpables, encontrándolos a veces equivocadamente en nosotros mismos o en los demás, debemos extraer la enseñanza de la vida y saber aceptar las cosas como vienen, y cortar a tiempo lazos y dependencias dolorosas.

Algunas reflexiones:

* Antes de que se enferme el cuerpo se enferma la mente y antes el alma. La raíz de nuestras enfermedades está en el alma. El dolor, el sufrimiento, los apegos, bajan nuestras defensas energéticas y hacen que estemos expuestos a todo tipo de acechanzas y enfermedades.

* El ser humano es como una esponja. Cuando está seca, tiene una forma definida, un color claro y no tiene peso. Cuando absorbe agua, tornándose oscura, amorfa y pesada, y, si te demoras en exprimirla, se pudre y se cae a pedacitos.

* Lo que realmente enferma al ser humano son los sentimientos de culpa, los resentimientos, los rencores, los miedos, las dudas y los apegos.

* No debemos permitir jamás que, cuando alguien que amamos fallece, se mueran dos personas. No debemos morir con los que mueren sino que debemos seguir viviendo haciendo que nuestra vida sea el mejor homenaje al recuerdo de esa persona. Si nos dejamos envolver y enfermar por la pena, actuaremos como un ancla que impedirá la liberación de ese espíritu y hará que una parte de nosotros muera antes de tiempo.

* Si realmente amamos, debemos ser capaces de dejar partir al amado cuando está sufriendo y el plazo de su existencia se ha agotado.

* Todos tenemos un plazo, un tiempo de vida, y debemos vivirlo intensamente. No importa cuánto tiempo sea, pues al final no se trata de cantidad sino de calidad. Y la calidad de la vida está en función de tu capacidad de ser, de amar, de ser feliz, de ser útil e inspirador para los demás. Y la felicidad requiere de mucha paz interior, de saber valorar y aceptar lo que puede ser cambiado y lo que no, procurando hallar el sentido de las cosas.

* Amar se dice fácil pero al final significa perdonar y perdonarse, ser tolerante, compasivo y misericordioso empezando por uno mismo. Porque si no somos capaces de amarnos y cuidarnos a nosotros mismos, ¿cómo lo vamos a hacer con los demás?

* El gran consuelo nos ha venido hoy de la ciencia. La física enseña que la energía no se destruye sino que se transforma, y así como nosotros enviamos a la escuela una y otra vez a nuestros hijos para que crezcan y se perfeccionen, bien podríamos plantearnos que la vida no termina sino que continua en muchas otras oportunidades y existencias.

Ampliaciones de plazo

La vida es como un préstamo bancario:
si pagas a tiempo tus cuotas
pueden refinanciarte la deuda,
y hasta ampliarte el préstamo

Marta era una joven mujer andaluza venida al mundo en un pequeño pueblo del interior. Nació asfixiada por el cordón umbilical que se había enredado en su cuello. El doctor tuvo que hacer un gran esfuerzo para resucitar a la niña que ya lucía un intenso color morado. Ella no reaccionaba, pero después de haberle limpiado las fosas nasales y la garganta, contra todo pronóstico, cuando ya se perdían las esperanzas de poder reanimarla, un último intento hizo que su pequeño corazoncito empezara a latir. Entonces la niña dio un profundo suspiro, tomó aire y llenó sus tiernos pulmones.

Desde que salió de la matriz de la madre daba la impresión de que sólo había venido a cumplir con esos meses de gestación y que tendría una presencia fugaz en esta tierra. Pero allí en el quirófano había conseguido o recibido lo que a todas luces era «una ampliación de plazo».

Aquella niña no tuvo una infancia fácil. Era la penúltima de una familia de ocho hijos. Desde pequeña tuvo que trabajar en casa apoyando el esfuerzo general en medio de una magra economía. Sus juguetes eran una cuchara de madera con la que tenía que mover el puchero y un palo para remover la ropa que se lavada. Su padre era un labriego hosco y poco cultivado, que no sólo tenía mal carácter, sino que además era alcohólico y pegaba continuamente a su madre.

A la edad de seis años las deficientes y descuidadas instalaciones eléctricas de la casa donde vivía la volvieron a poner al borde de la muerte. Ocurrió que al conectar ella una plancha eléctrica con la que tenía que planchar una pila interminable de prendas, sufrió una descarga que detuvo su joven corazón, cayéndose violentamente sobre el suelo y golpeándose la cabeza. La niña estaba sola en el lugar y nadie se percató de su estado. Al cabo de un rato uno de sus hermanos mayores pasó por allí y, al verla pálida y con sangre en la nariz, la cargó y se la llevó a la posta médica más cercana donde intentaron resucitarla. Inexplicablemente el corazón volvió a latir y la niña se recuperó.

Marta, una vez restablecida, le contó a su hermano que había visto un túnel y una bellísima luz al final del mismo, de donde salió un ser que parecía un ángel diciéndole:

–¡Aún no! ¡Aún no!... Vuelve.

De regreso a su casa el hermano le contó a su madre lo que había pasado con la pequeña. La madre se acongojó y le pidió que no le dijera nada al padre porque se ponía violento por cualquier motivo.

Marta fue creciendo y se puso a estudiar, logrando terminar sus estudios básicos, a los que siguieron estudios comerciales que le permitieron labrarse una profesión y alejarse de parte de su familia, aunque no de todos.

A los 28 años iba acompañando a una amiga del trabajo en el coche de ésta. Era un auto rojo de segunda mano que recorría velozmente la carretera hacia Fuengirola, cuando en una curva le fallaron los frenos y terminó por estrellarse tan violentamente contra la barrera del camino, que Marta salió volando por el cristal del parabrisas cayendo pesadamente sobre el pavimento pero sin hacerse más que leves heridas superficiales. Los policías de carretera y los paramédicos no podían entender cómo no se había matado en el accidente.

A los 30 años estaba trabajando en una fábrica como técnica operaria de una pesada máquina de empanadas cuando sufrió un terrible accidente. Ella quiso girar la máquina sin esperar a que viniera alguien para ayudarla, confiando en que podría ya que el aparato tenía ruedas, pero como el suelo estaba mojado, una de ellas cedió doblándose y los cientos de kilos de aquella máquina se abalanzaron sobre Marta aplastándola contra el suelo. Cuando pudieron liberarla de la máquina y la internaron en el hospital, inexplicablemente sólo tenía cortes y fuertes hematomas y magulladuras, además de la nariz partida. Estuvo seis meses de baja por invalidez por haber perdido la fuerza en los brazos que resistieron todo el peso de aquel armatoste.

A los 35 años iba por la carretera con un grupo de amigas en coche cuando un camión que iba en dirección contraria transportando tubos, se saltó el control atravesando la calzada de un lado a otro mientras los pesados tubos se salían de sus amarres entrando por las ventanas y el parabrisas del auto de las mujeres, destrozándolo. Felizmente Marta y sus amigas se agacharon instintivamente, colocándose a nivel de los pies, mientras la pesada carga aplastaba la estructura del vehículo. La oportuna llegada de los bomberos evitó una tragedia.

A los 45 años a Marta le detectaron cáncer de mama y, cuando se encontraba hospitalizada para la cirugía, a pesar de que se habían tomado todas las precauciones del caso por parte del cardiólogo y el anestesista, su corazón se detuvo en la mesa de operaciones. De pronto ella sintió cómo se desprendía de su cuerpo y pasaban delante suyo todas las escenas de su vida, después de lo cual era arrastrada por una potente luz blanca; al final de la misma aparecía la imagen del mismo ser que muchos años antes la había recibido en esa otra realidad. Entonces escuchó en su mente:

–¡Aún no!¡Aún no! Vuelve...

A lo que ella respondió:

–¿Por qué no? Ha sido muy duro siempre. Aquí me siento bien...

–¡Aún no! Tú misma pediste los plazos antes de nacer.

Todo lo que viviste en tu vida eran tareas pendientes que traías. Por eso...

»¡Vuelve!

Cuando el médico ya daba por perdida a Marta, decidió hacer un último intento y le pidió a la enfermera que si sabía rezar lo hiciera porque no quería perder a su paciente. La enfermera tomó una medalla de la Virgen que tenía en su cuello y oró. El médico colocó nuevamente las planchas en el pecho para inducir los latidos, y el corazón, tras una violenta descarga, reaccionó generando sorpresa y algarabía entre el equipo de la mesa de operaciones.

Ya en recuperación, el médico fue a ver a su paciente. La encontró con buen semblante.

–Marta, nos has dado un gran susto en la mesa de operaciones. Te has ido durante mucho rato y no había forma de hacerte volver. Llegamos a creer que te habíamos perdido.

–Sí doctor, pero felizmente usted le pidió a su enfermera que rezara por mi y ella tomó su medalla de la Virgen y me trajeron de vuelta. Además, allá afuera me dijeron que no era mi momento aún.

–¿Cómo sabes que yo le pedí a la enfermera que rezara por ti?¿Cómo sabes lo de su medalla?

–Lo vi doctor. Estaba lejos pero a la vez cerca. Podía escuchar y sentir todo lo que hacían por mí. Gracias por ello.

Marta pudo revertir el cáncer y ha seguido con una vida normal sólo que ahora es consciente de que los muchos plazos ampliados son una gran oportunidad que ella no puede ni debe desaprovechar para aprender y hacer lo más que pueda por sí misma y por los demás. Por lo pronto se ha acercado a su familia y está tratando de estrechar lazos de amor para no dejar asuntos pendientes.

Alguntas reflexiones:

- ✶ Cuando nacemos olvidamos todo lo que negociamos antes de nacer; hasta olvidamos los plazos que nos dieron y los compromisos que asumimos. Pero la vida se encarga de hacernos recordar que no tenemos todo el tiempo del mundo para hacer lo que tenemos que hacer.
- ✶ En la vida hay tiempo para todo; para lo único que no hay tiempo es para perder el tiempo. Debemos vivir intensamente dando lo mejor de nosotros sabiendo que la vida no es cantidad (de tiempo) sino calidad de hechos y resultados.
- ✶ Algunas veces, a lo largo de nuestra existencia estaremos al borde de la muerte, pero sólo serán oportunidades para hacernos recordar la premura y necesidad de que encontremos el sentido a nuestra vida y hagamos lo que se espera de nosotros.
- ✶ Es cierto que nuestro destino está marcado como para que nuestra vida dure determinado espacio de tiempo, pero ese destino no es inamovible y se puede variar. Lo podemos modificar acortándolo o consiguiendo ampliaciones de plazo.
- ✶ Todo depende de nosotros. Si lo hacemos bien o estamos a punto de lograr la tarea que nos encomendaron o lo hacemos mejor de lo que se esperaba, pueden considerar ampliarnos la vida, porque muchas veces esa ampliación beneficia a muchos otros que podrán inspirarse y motivarse en y con nosotros.

El hijo preferido

Aun cuando todos son de tu sangre,
aun cuando a todos los pariste;
a pesar de que el amor no se agota
sino que se multiplica y reparte,
a unos los sientes más cerca de ti
porque son parte tuya
y tú eres de ellos de siempre

Doña Natividad era una mujer delgada y canosa que había tenido una larga y sufrida existencia. Llegó a ser madre de seis hijos saludables y emprendedores. Manolo, su primogénito, era su hijo preferido y fue tanto el amor que despertó en ella, que cuando tuvo a los demás hijos, estaba confundida y no sabía cómo reaccionar con los nuevos retoños.

Se encontraba desde hacía dos años en un estado terminal que se iba agravando gradualmente. En lo que parecía ser su última etapa, los médicos de la Unidad de Cuidados Intensivos del Hospital de La Coruña, le dieron 15 días de vida, pero ella seguía igual indefinidamente en ese estado.

Antes de perder la conciencia le había contado a uno de sus hijos, llamado Jesús, que ella hablaba con los ángeles, que eran seres muy altos y luminosos y que estaba muy a gusto con ellos viviendo en el mundo de los sueños. Después de esto cayó en un coma profundo quedando postrada sin moverse.

Coincidentemente Jesús en esos días tuvo una serie de sueños recurrentes con su madre, en donde veía una mesa sobre la que había un rostro y un cuerpo que iban saliendo del mueble, como si la mesa se convirtiera en una sábana y luego ésta en una persona. Sintió entonces como que le decían simbólicamente que estaba dispuesto que alguien se fuese o muriese. Esta persona era como la «mesa», alguien que había servido mucho y compartido mucho. Pero también percibió que alguien habría de llegar a su entorno. Como cuando alguien se va y otro llega en su lugar, o simplemente como cuando en un equipo el siguiente atleta toma el testigo.

La madre decidió morirse y se murió dos o tres meses más tarde, plácidamente, sin salir de ese estado de sueño en el que se encontraba.

Al año de la muerte de doña Natividad, la hija de Manolo, Gloria, se quedó embarazada. En esos días asistió a una sesión del «Método de Control Mental» y quien dirigía la reunión le preguntó cómo se llamaba su abuela. Ella le contestó: «Natividad». El facilitador del curso le confesó que percibía que a su lado veía una mujer de pelo blanco. A continuación sacó un papel de una caja donde ya estaba el mismo nombre escrito. Lo había percibido de forma mental.

Gloria se pasó de cuentas hasta que el parto coincidió, curiosamente, con el día del nacimiento de doña Natividad.

Aurora, la mujer de Jesús, de profunda formación orientalista, creía que quien venía como alma a encarnarse en el bebé de la joven embarazada era la madre de Jesús y Manolo. Y pidió una prueba para confirmar lo que ella estaba sintiendo. La prueba fue precisamente el nacimiento de una bebé llamada Lucía el día del cumpleaños de la bisabuela.

Jesús le comentó a Manolo que su madre le había confesado, cuando aún podía hablar, que había pactado con los ángeles volver naciendo en el entorno de su hijo preferido y conquistar así a su nuera Mayte, originaria de Ecuador, con la que nunca tuvo una buena relación.

En la actualidad la pequeña Lucía realmente tiene conquistada a su abuela Mayte y recibe toda la atención de Manolo. Jesús, aunque se resentía de las evidentes y manifiestas preferencias de su madre hacia su hermano, se conformó y aceptó de buen grado ser su confidente.

Algunas reflexiones:

* No podemos evitar tener mayor o menor afinidad con ciertas personas, aunque sean de nuestra propia familia. Es más, a veces encontramos mayor afinidad y empatía en gente que no es de nuestra sangre; en amigos con los que nos sentimos hermanados de siempre. Y esto se debe a que a lo largo de diversas existencias vamos estableciendo profundos lazos que llegan a mantenerse de una vida a otra y que hasta permiten que nos reencontremos a lo largo de una existencia despertando en nosotros vínculos y sentimientos dormidos.

* Cuando las relaciones entre las personas son muy buenas o muy malas, se repiten o se mantienen de una vida a otra.

* Una vida de entrega como la de una madre, puede aportar suficientes méritos como para que en una siguiente existencia podamos tener la dispensa de escoger venir y nacer asumiendo tal o cual rol en la misma familia.

El drogadicto curado

El amor y la solidaridad humana
trasmitidos en un sencillo y sincero abrazo,
son capaces de sanar el alma y el cuerpo
de la soledad y el abandono

Luis era un joven delgado y bien parecido de unos 27 años, pero que había tenido una vida tan autodestructiva que había envejecido y se había deteriorado prematuramente. Estaba en ese momento muy venido a menos por el consumo excesivo de toda clase de drogas y por haberse contagiado de SIDA al intercambiar jeringas con otros drogadictos de la calle. Se encontraba internado en el hospital de Lérida –una importante ciudad agrícola de Cataluña–, donde hacía más de un mes que había sido llevado allí en muy malas condiciones. El SIDA le había bajado todas las defensas por lo que tenía un agresivo herpes generalizado en todo el cuerpo, hepatitis y otras dolencias varias. Era un despojo humano, excesivamente desnutrido y demacrado. Su apariencia era como la de una vela derretida pues su cuerpo se encontraba cubierto de llagas y costras supurando.

Su mal humor y agresividad, que se manifestaban en violencia verbal y en arrojar objetos, además de su deplorable estado y su aspecto desagradable, producían rechazo. No daban ganas de acercársele. Todo esto había hecho que ninguna enfermera fuera a atenderlo, debiendo ser su propia madre, Carmen, la encargada de asearlo a pesar de sus groserías y excesos.

En esos días, Josep, ponente internacional, se encontraba en la ciudad dando unas conferencias que incluían, entre otros temas, el poder del amor y la solidaridad humana como poderes mágicos transformadores. Sabiendo de las disertaciones de esta persona y habiendo escuchado más de una recomendación, Carmen se fue a verle. Escuchó atentamente todos los principios y postulados que el conferenciante traía como las herramientas de sanación y liberación. Le esperó hasta el final de la charla y, cuando él se encontraba guardando sus papeles en su portafolio, se le acercó humildemente y le dijo:

–¡Gracias por todo lo que ha dicho don Josep! ¡No sabe cuánto me ha aliviado el alma lo que ha explicado sobre el poder del amor y el perdón!

–¡Gracias a usted señora!

–Mi nombre es Carmen...

–Dígame doña Carmen, ¿en qué puedo servirla?

–Quería pedirle algo, abusando de su generosidad. No sé si me estoy extralimitando al hacerlo, pero lo tengo que hacer.

–Dígame usted.

–¿Podría usted, don Josep, visitar a mi hijo en el hospital?

–¿Qué tiene su hijo doña Carmen?

–Él está enfermo de SIDA y ahora padece de herpes en todo el cuerpo y de hepatitis, y por su agresividad nadie se le quiere acercar, así que le atiendo yo misma todos los días. Pero sé que él necesita escuchar a alguien y que lo escuche alguien que no sea yo. Pero nadie quiere ir a verlo, ni sus antiguos amigos.

–¿Qué le parece mañana? ¿Podría ser mañana?

–¿Me lo dice en serio? Sabía que usted no podía estar sólo hablando con palabras bonitas, sino que lo suyo salía del corazón don Josep. Muchas gracias.

»¿Le parece mañana a las 11 de la mañana?

–Muy bien. Nos veremos mañana a las 11.00 h en el hospital, doña Carmen.

Josep, con una mezcla de curiosidad y espíritu solidario, se personó al día siguiente en el nosocomio, y al llegar a la estación de enfermeras del piso donde estaba Luis preguntó por él.

Incrédula, la enfermera le inquirió:

–¿Va a visitarlo?

–¡Sí, así es!

–¿Sabe usted el estado en que se encuentra? Tiene SIDA, herpes y hepatitis. Además es muy agresivo, sólo le calma y soporta su madre.

–¡Sí, lo sé! ¿Cuál es su habitación?

Le llevaron hasta la puerta del cuarto y después de llamar, entró dentro encontrándose con la madre del joven, quien se incorporó de una silla y le recibió muy agradecida, estrechando su mano. Luego se giró y, dirigiéndose a su hijo, le dijo:

–¡Hijo, éste es el señor del que te había hablado! ¡Ha venido a verte!... Escucha todo lo que tenga que decirte.

»Bueno, os dejo solos. Gracias, gracias don Josep por haber venido.

La señora salió y Josep saludó a Luis manteniendo la mirada directamente en los ojos del joven, y tomando la silla, la acercó como a unos tres metros de la cama sentándose en ella.

–¡Buenos días Luis! Mi nombre es Josep y soy escritor y conferenciante. Tu madre estuvo ayer en mi conferencia y me pidió que te viniera a ver. Y, como ves, aquí estoy.

»Te contaré algunas cosas sobre mí. Resulta que...

Josep se puso a charlar con Luis como cuando uno se encuentra con un viejo amigo que hace tiempo que no veía y le comenta muchas cosas, que incluyen anécdotas, lecciones de vida, relatos, algunos insólitos de viajes, y encuentros con cosas mágicas y hasta milagrosas. Era como si no le importara o no notara el estado calamitoso en que estaba Luis postrado en la cama con los brazos, las piernas y hasta el rostro en los huesos, y todo el cuerpo lleno de costras y pus que bañaban de color sangre y amarillo su bata de hospital.

Luis escuchaba a Josep sin decir nada ni hacer el mínimo gesto de complacencia o rechazo, ni tampoco comentario alguno. Al cabo de unos quince minutos de animada charla en la que Josep se emocionó relatando vivencias, logró que el chico llegara a esbozar una ligera sonrisa en su rostro macilento y demacrado. En ese momento interrumpió su relato mientras sorprendía al joven diciéndole:

–Pero aquí sólo estoy hablando yo... A ver Luis, cuéntame algo de ti.

Se hizo un silencio, y en el rostro del joven se pudo observar la sorpresa ante a la petición de Josep.

–¿Quiere que le cuente algo de mí?

–¡Claro que sí! Me gustaría escucharte.

–¡Pues como ve estoy aquí bastante enfermo!

–¡Sí, ya lo sé Luis! Pero, ¿cómo eras antes?

–¿Qué cómo era antes?... Cuando era niño mi padre era alcohólico. Eso no creo que se lo haya dicho mi madre. A ella como que no le gusta pensar en eso. Y todas las noches mi padre venía alcoholizado a casa y le pegaba a mi madre hasta hacerle perder el conocimiento. Y cuando terminaba con ella, me buscaba a mí para pegarme también con su cinturón, con su zapato, con un palo, con lo que fuera sin ningún motivo... Así crecí yo.

»Cuando llegué a la adolescencia me enfrenté a él y con un palo le partí la cabeza dejándolo inconsciente, por lo que huí de casa. Después me enteré de que el muy cobarde, ya recuperado, nunca más le volvió a pegar a mi madre. Entonces me busqué la vida en la calle. Hice de todo, trabajé en todo y busqué amigos en los suburbios, entre los parias de la sociedad. Ellos se drogaban y me introdujeron en su mundo. Probé de todo, y producto del intercambio de las jeringuillas, agarré esta jodida enfermedad que me está matando.

»Así que, como ve, mi vida ha sido y sigue siendo una mierda. Lo único bueno que me ha dado es mi madre, pero tampoco le perdono que se haya dejado abusar por el malnacido de mi padre, ni que permitiera que él me destruyera la vida.

–Es realmente una vida muy dura y difícil Luis. Eres un héroe y un superviviente. Pocas personas podrían haber soportado lo que tú.

–¡No lo soporté!... Simplemente me evadí con la droga hasta ponerme al borde de la muerte. Me estoy consumiendo o ¿es que no lo ha visto?... Parezco un leproso, hasta mi propio cuerpo me da asco. No sé cómo usted no se ha horrorizado cuando me ha visto y no se ha ido por donde había venido.

–Las grandes pruebas son para los grandes seres Luis, y tú eres uno de esos grandes seres y para mí es un privilegio conocerte. Te agradezco mucho la confianza que has depositado en mí al contarme tu vida.

»¿Has pensado alguna vez lo importante que es el perdón en la vida de las personas? El perdón es sanador para quien perdona.

Josep se puso a contarle a Luis historias conocidas del perdón como la de Esaú que perdonó a su hermano Jacob después de haberle robado la primogenitura; José, el hijo de Jacob que perdonó a sus hermanos por haberlo querido matar y hasta venderlo; el caso del Maestro Jesús, quien torturado y mutilado en la cruz, selló su mensaje de amor intercediendo por aquellos que le habían hecho daño y enseñando así que el perdón es la exaltación suprema del amor.

–¿Usted cree que me ayudaría perdonar?

–¡Claro que sí Luis! Tú necesitas sanar tu alma y para eso debes perdonarte y perdonar. Por ahí debes comenzar. El poder para sanarte física y espiritualmente está en ti.

»Bueno, ya te he quitado mucho tiempo y debes estar cansado. Te agradezco haberme recibido.

»¿Me dejarías darte un abrazo?

–¿Quiere darme un abrazo a MÍ?

–¡Claro que sí! A los amigos se les da un abrazo y tú ahora eres mi amigo. Tú me has abierto tu corazón.

En ese momento Josep se puso de pie y se dirigió hacia Luis que se había girado en la cama quedando con sus huesudas piernas llenas de heridas colgando, y, acercándose, lo estrechó en un profundo abrazo de amistad y sincero cariño que hizo que Luis rompiera en sollozos y se mantuviera llorando durante largo rato apoyado en el hombro de la visita. Durante todo ese tiempo Josep trató de trasmitirle amor y consuelo sin decirle nada más.

Después de un rato se despidió y salió de la habitación dejando al chico en paz. La madre del joven estaba fuera y no sabía cómo agradecérselo, pero fue más bien Josep quien le agradeció a la señora esa oportunidad.

Inexplicablemente la ropa de Josep no tenía mancha alguna de la sangre y el pus del cuerpo de Luis, a pesar de que lo había estrechado durante mucho rato.

A la semana Josep se enteró de que a Luis le habían dado el alta y que, sorprendentemente, le había desaparecido el herpes de todo el cuerpo y hasta la hepatitis.

Un mes después el joven murió en casa de su madre mientras dormía plácidamente.

Algunas reflexiones:

- ✶ La fuerza más poderosa del universo es el amor, que es capaz incluso de vencer a la muerte, porque la muerte no existe, es sólo un estado de la conciencia. La muerte es cambio, y el cambio es evolución, pero sólo cuando el cambio es consciente.

- ✶ El amor solidario entre las personas sin más vínculo que la propia humanidad es sanador y regenerador y activa en quien lo recibe mecanismos de autosanación.

- ✶ El amor solidario es capaz de abrir el camino hacia la sanación del alma, inspirando a las personas a aceptarse tal como son y a aceptar a los demás sin querer cambiarlos. Cuando queremos que el mundo alrededor nuestro cambie, debemos primero cambiar nosotros; es en nosotros donde el mundo se ve reflejado, y lo que queramos ver fuera debemos vivirlo primero dentro.

- ✶ Y quien más ama, más perdona.

El hombre de negocios

Hay quienes han caminado al lado de ángeles.
Hay quienes han alojado en sus casas
a verdaderos mensajeros de otros
mundos y dimensiones;
y aunque no los hayamos sabido
reconocer en su momento,
estuvieron allí para ayudarnos.

Inma había sido enviada a Londres por su empresa, una cadena de supermercados, para hacer un curso acelerado de inglés. Había muchas compañías, frecuencias y horarios a escoger para realizar el periplo y, llegado el momento, se embarcó en uno de esos vuelos hacia la cosmopolita capital inglesa.

Iba a quedarse alojada en una pensión, por lo que llegó a la dirección que tenía reservada en un taxi desde el aeropuerto. En la pensión, la administradora de la casa le recomendó que tuviera mucho cuidado porque no todos los barrios eran seguros, y que utilizara mejor el autobús antes que el metro para evitar así la presencia de indeseables. Le explicó los horarios de los autobuses, recomendándole que no regresara muy tarde. Inma tomó nota del número de autobús que debía coger tanto para ir de la pensión hacia el centro como para regresar a su alojamiento.

Llegó el primer día de clase y fue una experiencia enriquecedora. Allí conoció a gente de muchos y muy diversos países y culturas, deseosos de interactuar en la lengua inglesa. Terminadas las clases, algunos de sus recientes amigos la invitaron a ir a un café, y a pesar de que ella quería volver pronto por ser el primer día, terminó por acceder y acompañarles. Pasaron las horas y ella estaba más que divertida y distraída con la amena charla. Cuando reaccionó, se inquietó. Se le había hecho tarde, así que se despidió y salió a la calle para coger su autobús. Estaba oscuro pero buscando encontró el letrero con el número del bus que debía tomar. Felizmente no tuvo que esperar mucho y subiéndose en él buscó un asiento al fondo y se dejó llevar quedándose medio dormida cabeceando de sueño.

De cuando en cuando miraba por la ventana. Se extrañó de no reconocer ninguna de las calles por donde pasaba. Al cabo de un rato el autocar se detuvo y el chófer abrió las puertas diciendo:

–¡Parada final del recorrido!

Inma, sumamente preocupada, preguntó al chófer por la dirección de su alojamiento y éste le contestó que ella se había equivocado de dirección del autobús; que lo había tomado en la parada equivocada. Le recomendó entonces que fuese a la parada de enfrente y esperara al que la llevaría hacia donde ella tenía que ir. Pero entonces el hombre reaccionó y, moviendo la cabeza, le dijo que, lamentablemente, ya se había terminado el horario de buses.

Era muy tarde por la noche y no había nadie en las calles, por lo que Inma empezó a caminar buscando un taxi, pero no veía ninguno. Estaba sola en las calles oscuras y en una zona de los suburbios. De pronto se encontró con un cartel de la parada del bus y, desesperada, se sentó a esperar, aunque sin saber qué. Pasaron varios minutos que le parecieron eternos sin que nadie asomara por aquellos lares, cuando de pronto, en la distancia, vio venir a una pandilla de jóvenes con un balón de baloncesto que hacían botar en el suelo y que se iban pasando del uno al otro. Habían allí mozalbetes de varias razas, pero el común denominador era su aspecto agresivo y desinhibido.

En ese momento Inma temió lo peor porque estaba sola y no tenía adonde ir ni a quien pedir ayuda frente al peligro potencial. Así que agachó la cabeza entre las piernas y comenzó a rezar diciendo:

–¡Dios mío ayúdame!... ¡Dios mío ayúdame!...

Los bravucones se le acercaron y la rodearon, y comenzaron a reírse de ella y hasta a insultarla. Empezaron a empujarla y a tirarle de la bufanda y el gorro. Luego siguieron amedrentándola lanzando la pelota cerca suyo, de tal manera que ella podía sentir cómo ésta le rozaba la cabeza o las rodillas mientras los jóvenes vociferaban tratando de intimidarla aún más. De pronto se escucharon unos pasos fuertes al final de la calle. En medio de la oscuridad apareció caminando desde el fondo un joven alto y vestido con un traje impecable. Su apariencia era como la de un hombre de negocios. Se dirigió directamente a la parada y se sentó al lado de Inma, ignorando a la pandilla. Ella reaccionó con sorpresa y los matones, sorprendidos por la presencia del individuo, se retiraron gritando y maldiciendo.

Entonces aquel extraño ser que era muy blanco y de cabello rubio, con una apariencia demasiado elegante para estar en aquel barrio a esa hora, le dijo a Inma en perfecto castellano:

–¿Te has perdido?

–¡Sí! –respondió ella.

–Has cogido el autobús en dirección contraria, ¿verdad?

–¡Sí! –volvió a contestar la chica.

–No te preocupes, ¡aún falta un último bus!

–Pero el chófer me dijo que los autobuses eran hasta determinada hora y ya es muy tarde –dijo ella.

–Eres Inma, ¿verdad?

–¿Cómo sabe usted mi nombre?

–¡Porque lo dice la carpeta que tienes sobre tus piernas! Has venido a estudiar a Londres, ¿verdad?

–¡Ah, sí!... Qué tonta que soy, aquí lo dice. Sí, he venido a estudiar.

–¿De dónde eres, Inma?

–Soy de Valencia, España. ¿Cómo sabe mi idioma? Lo habla muy bien.

–Yo voy a menudo a tu tierra... Mi nombre es Michael o Miguel como prefieras. ¡Encantado de conocerte Inma!

–¡Un placer Miguel y gracias por salvarme la vida! No sé qué hubiese pasado conmigo si no hubieses llegado.

De pronto, de la nada apareció el bus en la parada. Ella no lo había visto venir. Llegó hasta ellos sin producir ruido alguno y abrió sus puertas. El chófer era un señor gordito de raza negra que saludó muy amigablemente a Miguel, como si se conocieran de siempre. Inma entró en el vehículo sentándose hacia el medio y Miguel, que iba detrás, se quedó de pie a su lado como protegiéndola. Al verlo de pie ella le ofreció irse más atrás para sentarse juntos, porque donde se había colocado sólo había una línea de asientos paralelos a la ventana, pero él le dijo:

–Así estoy bien Inma, he estado mucho rato sentado. Además, como es tarde, llegaremos rápido a tu parada.

Extrañamente el bus no paró en todo el viaje en ninguna estación, ni allí se subió nadie, por lo que llegó rápidamente a la parada de Inma. En cuanto estuvieron allí se abrieron las puertas sin que Inma o Miguel hubiesen apretado el botón de «pare». Sin reaccionar, se dispuso a bajar. Miguel se apeó del autobús con ella.

–Yo bajo contigo Inma. Te acompaño hasta la puerta de tu pensión.

–Pero no es necesario Miguel, vas a perder tu autobús.

–No te preocupes por eso... ¿Es aquí ? Dice Constantine número 8. ¿Es éste el número?

–Sí, aquí es Miguel, ¡muchísimas gracias!

Antes de que ella tocara el timbre, la señora de la pensión abrió la puerta y, saliendo, la abrazó diciéndole que estaba muy preocupada por ella porque era muy tarde y a esa hora ya no pasaban los buses. Inma, para tranquilizarla, le dijo:

–Gracias por preocuparse. Me equivoqué de dirección de autobús y terminé en el otro lado de la ciudad.

»Pero felizmente alcancé el último bus y vine acompañada de un amigo; él es Michael.

Inma se giró pero detrás de ella no había nadie. Se asomó

inmediatamente a la calle pero no había ni un alma por los alrededores. No se lo podía creer. La señora de la pensión, incrédula, le reiteró que a esa hora no había buses, y no podía ser que ella hubiese tomado uno para llegar. Eso era imposible en ese horario...

Pero entonces, ¿cómo había llegado hasta allí?¿Qué autobús había tomado? ¿Y quién la había acompañado? ¿Cómo el chófer del bus, sin indicación previa, había sabido dónde dejarla? Si era un autocar fuera de ruta y horario, ¿por qué no había recogido a nadie en el camino?...

Algunas reflexiones:

* El arcángel San Miguel fue durante una época el patrón de la ciudad de Valencia (ahora es la Virgen de los Desamparados); por eso la torre del campanario de la catedral de la ciudad se llama «El Miguelete».

* Inma, cuando más desamparada se encontraba, recibió la protección y la compañía de «Miguel», porque se abrió a esa ayuda con fe y confianza.

* Vivimos en un universo material de siete dimensiones, y poseemos siete cuerpos para actuar en esas siete dimensiones. Más allá de la séptima dimensión hay un universo paralelo a éste que es el universo mental. Del universo mental de tres dimensiones más, vienen los verdaderos ángeles, los arcángeles y los demás seres superiores. En algunas ocasiones estos seres angélicos son capaces de tomar corporeidad física y actuar en esta realidad material ayudando a los seres humanos que son capaces, con su vida y compromiso, de marcar la diferencia y generar reacciones en cadena de cambios positivos a su alrededor. Hay personas de cuyo destino dependen muchos otros y no se escatiman esfuerzos por echarles una mano para que continúen viviendo, ayudando y haciendo.

El padre rejuvenecido

Algunos de nuestros sueños
se convierten en ventanas
que son oportunidades.
Cuando uno sueña con un familiar fallecido
atravesando un puente, cruzando una calle,
subiendo una escalera, en la orilla opuesta de un río
o atravesando el umbral de una puerta,
y lo ve rejuvenecido,
es que se está despidiendo definitivamente
porque se va hacia otros planos
o que avisa de que ya está volviendo.

Carlos estaba jubilado. Cada mañana, para ejercitar su cuerpo, salía muy temprano a buscar el pan fresco y caliente de una panadería cercana en el distrito de Barranco en Lima, la capital de Perú. Sus 74 años bien cumplidos le pesaban pues, siendo un alma sensible, le habían afectado mucho la muerte de su padre cuando era un niño, la de su hermano en plena juventud y la de su madre en plena adultez. Este sentimiento no expresado (ya que era un hombre locuaz pero en lo relativo a los sentimientos, bastante parco y hasta hermético) había hecho que se acumularan en su interior mucho dolor y soledad que habían ido deteriorando rápidamente su salud.

Su hijo José debía viajar unas semanas a Argentina. Su empleo le obligaba a viajar mucho, por lo que a veces no le quedaba tiempo de ir a despedirse personalmente de sus padres que vivían lejos de él; por eso se habían acostumbrado a hacerlo telefónicamente. Pero ésta era una ocasión especial, o por lo menos así lo percibía José. Sentía la necesidad imperiosa de ir y despedirse personalmente, por lo que fue a hacerlo viajando casi una hora hasta la casa de su padre, aunque no le encontró.

Solo halló a su madre que le dijo que el padre había salido y que quizás se demoraría en volver. Se despidieron madre e hijo quedando pendiente la despedida con el padre.

Don Carlos se había quedado más tiempo de lo acostumbrado cerca del mercado conversando con amigos suyos, y allí estaba ilocalizable. Desde el aeropuerto José volvió a tratar de contactar con su padre pero no tuvo suerte.

A los pocos días de estar en Buenos Aires, recibió una llamada telefónica de su mujer diciéndole:

–¡José, tu padre se puso muy grave!

–¡Caramba!... Gracias por avisarme Mariana; por favor ayuda a mis padres en cualquier cosa que necesiten. No hay que escatimar gastos.

–Es que se puso muy grave y ha fallecido.

–(...) Y, ¿cómo esta mi madre?

–Ella está bien José, la estamos apoyando aquí entre todos.

–¿Necesitas que regrese de inmediato a casa? Aunque estoy en medio de unos asuntos muy importantes, puedo intentar volver –propuso José consciente de la gravedad del momento.

La mujer, siempre comprensiva y colaboradora, le contestó rápidamente:

–Si no puedes venir de inmediato no te preocupes que tenemos todo bajo control. Haz lo que tienes que hacer y no te sientas culpable.

–¡Gracias y lo siento! ¡Iré lo más pronto posible a casa!

José regresó a su casa días más tarde después de cumplir sus compromisos, pero el padre ya había sido velado y hasta enterrado. Él se quedó triste y contrariado por no haber podido despedirse de su progenitor.

Un mes después, estando en la cocina de su casa, sintió la presencia cercana de su padre y hasta percibió en el aire su olor característico. Lo tomó como algo anecdótico sin darle demasiada importancia. Pero aquella noche, cuando ya estaba en su cama dormido al lado de su mujer, se vio caminando por las calles del distrito limeño de Barranco, por donde solía caminar siendo niño y cerca de donde vivió con sus padres. En el sueño era como de tarde, cuando de pronto divisó claramente a su progenitor, pero como cuando él era joven. Se encontraba en la acera de enfrente de la avenida. Se le veía totalmente rejuvenecido y alegre.

José aprovechó para cruzar la avenida e igual hizo su padre. Los dos se encontraron en medio de la calle. Allí José le dio un gran abrazo sintiendo claramente que le tocaba. Le dijo cuanto le quería y hasta le deseó un buen viaje. El padre, en ese momento, le susurró al oído:

–¡Estoy orgulloso de ti! Sigue tu vida y haz lo que tienes que hacer.

Después de esto el anciano rejuvenecido volvió a la otra acera y se fue alejando. Algo impedía que José pudiera seguirlo, como si hubiese una barrera invisible. Lo único que podía hacer era verlo perderse en la distancia.

Se despertó llorando pero de alegría y con mucha paz en su corazón. Su mujer se levantó también y, al verlo en ese estado, se incorporó abrazándole y preguntándole qué le había ocurrido. Él le refirió el contenido del sueño y ella le comentó:

–Es la despedida que no tuviste... No puede ser sólo un simple sueño. Te has emocionado demasiado y tiene mucho sentido lo que me has contado. Os debíais ese abrazo y me alegro mucho de que hayas tenido esta oportunidad.

La vida de José ya no fue la misma después de aquella noche. Había podido comprobar que los asuntos pendientes se pueden subsanar y que hay ventanas disponibles que mantienen conexiones más allá del tiempo y el espacio.

Algunas reflexiones:

- Las conexiones que establecen los seres a través del amor pueden llegar a trascender el espacio-tiempo, constituyendo puentes o portales interdimensionales que les mantienen comunicados entre si.

- Cuando los lazos han sido muy profundos, se pueden enviar mensajes, los cuales pueden llegar con imágenes en sueños, o como formas mentales que pueden hasta materializarse como presencias o como movimiento de objetos *(poltergeist)*. Cuando hay mucho dolor y sufrimiento, los mensajes en sueños pueden llegar a través de terceras personas; parientes lejanos o amistades cercanas o lejanas. Aquí se cumple aquello que dice «que no siempre la línea recta es la distancia más corta entre dos puntos».

- Algún día la Humanidad sabrá que, cuanto más amor se prodigue y se comparta, las redes que se estarán estableciendo serán capaces de integrar a todos en un espíritu de unidad planetaria que termine de superar los límites y las distancias. Será entonces cuando podremos entrar y salir de otros planos y dimensiones libremente con el sólo ejercicio de la voluntad y el impulso del amor.

El piloto de la aerolínea

La vida es la gran aventura
de crecimiento y experimentación del amor.
El verdadero amor es la capacidad
de procurar el bien al prójimo
anteponiéndolo a nuestro propio deseo.

Joaquín era un reconocido escritor de temas espirituales y crecimiento interior, con muchos libros en su haber. Se encontraba impartiendo una conferencia en el centro de Madrid, como parte de un congreso sobre espiritualidad al cual había sido invitado. Al final de su disertación sobre el tema de «la conciencia y los viajes astrales» –la cual fue ampliamente celebrada y aplaudida–, se quedó contestando algunas preguntas de los asistentes que lo rodearon con avidez para hacerse fotos con él y para que les firmara algunos de sus libros. Estaba retirándose en medio de los autógrafos cuando se le acercó una señora de mediana edad acompañada de su joven hija y le felicitó por el contenido de su exposición.

De pronto, recibió de esas personas una extraña proposición:

–Señor Joaquín, ¿podría venir conmigo a ver a mi marido Arturo?

–¿Perdón?... ¿Cómo dice?

–Usted disculpará mi atrevimiento... Soy Amalia y mi marido se llama Arturo. Él era piloto de una importante línea aérea. Con otros pilotos de la compañía, fundaron una ONG para ayudar y educar a jóvenes con talento en países del Tercer Mundo, con el objetivo de financiar sus estudios y hasta construir universidades populares. Hizo una gran labor desinteresada durante mucho tiempo, pero hace dos años sufrió un infarto cerebral que le dejó postrado en cama en estado vegetativo. No ha habido esfuerzo que no hayamos hecho para ayudarle a recuperarse, pero todo ha sido inútil. Por eso quisiera que usted le viera.

–Disculpe señora pero yo no soy médico. Soy escritor. ¿Por qué cree que yo le puedo ayudar?

–Porque usted plantea que es posible la comunicación con otros planos y niveles de conciencia. Y él en este momento sé que está como en otra dimensión o plano de existencia mientras que su cuerpo se va deteriorando aceleradamente.

»¿Podría intentar comunicarse con él? ¿Podría traerlo aquí antes de que sea demasiado tarde?

–Bueno... podría intentarlo... Nadie nunca me había pedido algo así. Pero claro, podemos y debemos probarlo.

–Entonces, ¿le llevo?

Joaquín acompañó a la señora y a su hija en su coche a las afueras de Madrid. Llegaron al cabo de una hora a un hermoso chalet en medio del bosque. En el camino doña Amalia le explicó que, al principio, parecía que su marido les reconocía y reaccionaba, pero poco a poco se había ido quedando inmóvil frente a los estímulos.

Aparcaron el coche y entraron en la casa. Doña Amalia le presentó a todos sus hijos e hijas. Eran varios y de diferentes edades. A continuación el escritor fue conducido hasta el segundo piso de la amplia y moderna casa. En el extremo izquierdo de una espaciosa habitación con ventanales que daban al bosque, se encontraba la cama con el cuerpo de don Arturo.

Quien hasta hacía poco había sido un saludable, risueño y experimentado comandante de una de las aerolíneas más importantes del mundo, ahora aparecía inmóvil y extremadamente frágil. No era ni la sombra de lo que había sido. Su cuerpo se había deteriorado y se encontraba a merced de tubos y mangueras que lo atravesaban por todas partes.

Joaquín trató de concentrarse en sentir dónde podía encontrarse aquel hombre. Evidentemente el único lugar donde no estaba era en su cuerpo. El escritor sabía que las personas que sufren un estado similar tienden a quedar desplazados fuera de su cuerpo, confundidas y extraviadas.

Había practicado en repetidas ocasiones ejercicios de clarividencia o visión remota por lo que, si agudizaba su percepción, podría intentar localizarlo, siempre y cuando se encontrara cerca... Sabía, porque se lo había enseñado a muchos en experiencias grupales, que si uno se predispone puede llegar a sentir la presencia del cuerpo astral desplazado de una persona que está en un estado como ése. Pero de ahí a traerlo de vuelta, eso era otra cosa...

Localizó a la persona hacia el lado derecho de la estancia. Estaba de pie como apoyada en la cortina que cubría parte de la ventana.

Entonces Joaquín se giró hacia la señora y sus hijos y les dijo:

–No se preocupen si me pongo a hablar con las cortinas o con la pared. Mi intención es localizar a su marido y padre, y hacerle saber que veo o siento dónde está para poder así entablar un diálogo con él y orientarlo, porque debe estar muy perdido sin saber qué le ha ocurrido.

Joaquín caminó por la habitación mirando el cuerpo en la cama y luego la cortina que era donde sentía y visualizaba que estaba la persona. Se detuvo y se puso a hablar:

–¡Buenas noches don Arturo!...

–¿Qué? ¿Usted me ve?

Joaquín empezó a verlo y a escuchar en su mente las respuestas del comandante.

–Sí don Arturo... Sí, le veo y le escucho.

–¿Dónde estoy? ¿Por qué no me ve ni me oye mi familia? ¿Qué me ha pasado?

–Usted sufrió un infarto cerebral don Arturo. Fue como hace dos años y desde entonces quedó en un estado vegetativo, de manera que quedó fuera de su cuerpo como un sonámbulo. Por eso no está ni aquí ni allá.

»Usted mismo debe definir las cosas y volver nuevamente a su cuerpo, ya sea para quedarse definitivamente y recuperarse, si es ése su destino, o para marcharse de una vez.

–¡Es que ése que está en la cama no soy yo! Yo no era así.

–No se reconoce don Arturo porque su cuerpo, producto de la inamovilidad y el mal funcionamiento, se ha deteriorado. Pero ése es su cuerpo. Debe tratar de volver a él. Claro que si lo hace, una de las posibilidades es que muera y se marche definitivamente.

–Pero es que mi mujer no me deja marcharme. Ahora mismo siento que ella me sujeta fuertemente.

–Si ella entendiera y aceptara liberarle, ¿usted se iría?

–¿Qué puedo hacer estando así? De esta manera no soy útil para nadie, ni para mí mismo.

–Descuide, yo hablaré con su mujer...

En ese momento, el cuerpo en la cama comenzó a reaccionar abriendo los ojos y tratando de moverse y emitir algún sonido por la boca.

La señora pegó instantáneamente un grito:

–¡Está reaccionando!

Pero el cuerpo volvió inmediatamente a su estado anterior, inerte. Entonces Joaquín se acercó a doña Amalia y le refirió lo que había hablado con su marido.

–Señora, su marido se ha dado cuenta finalmente de su situación y de que su cuerpo ya no lo resiste, que se ha deteriorado mucho. Pero no puede marcharse definitivamente porque dice que usted no le deja partir.

»Si lo ama y desea lo mejor para él, tiene que plantearse dejarlo ir.

–Pero es que yo no quiero que se vaya. Me sentiría muy sola sin su presencia. No lo puedo permitir.

–¿Y si es lo mejor para él y su única opción?

–Señor Joaquín, creo que no me ha entendido: ¡yo no quiero que él se vaya!...

Joaquín se retiró de esa casa sabiendo que había hecho lo que estaba en sus manos. Después de esa reunión la señora Amalia se comunicó varias veces con él para comentarle los progresos de su marido, que fueron evidentes, aunque seguía estando en estado de coma.

Algunas reflexiones:

* Todos los seres humanos tenemos percepción extrasensorial. Igual que podemos ver con los ojos, podemos hacerlo con la mente; podemos escuchar con los oídos pero igual o más podemos percibir con la mente; podemos hablar pero también comunicarnos con la mente; podemos tocar los objetos y conocerlos a través del tacto pero también a través de la dermóptica, que es la visión a través de la piel y de la mente, captando la historia contenida en ellos. La clave para activar y desarrollar todo ese potencial es saber que existe, creer que se puede y querer poder hacerlo. El resto es práctica.

* La percepción extrasensorial es parte de nuestra naturaleza. Los niños desde siempre lo ven y lo perciben todo. Es en contacto con los adultos cuando se dan cuenta de que nosotros no percibimos lo mismo que ellos y entonces se bloquean.

* Un gran potenciador de nuestra percepción extrasensorial es el amor. El amor es la capacidad de velar por el bien del prójimo anteponiéndolo muchas veces a nuestras propias necesidades y deseos. El mejor ejemplo de desprendimiento y entrega incondicionales y desinteresadas es el de una madre.

* Por ello, si amamos debemos ser capaces, llegado el momento y según el caso, de desapegarnos y cortar lazos para que a quien le toca partir pueda hacerlo sin que nada ni nadie lo retenga. Porque retenerle cuando su situación es irreversible, es hacerle sufrir innecesariamente y eso es producto del egoísmo.

El pintor

Un artista es quien es capaz
de hacer vibrar a los demás
con su obra,
con la armonía de su canto,
proyectando su creatividad en una escultura,
su genio en un trazo,
su alma en un poema,
o su espíritu en una danza

El hermano de Maribel había construido una casa al lado de la de su hermana en medio de un hermoso campo de castaños en el sur de España, pero no había podido terminar el que sería su hogar. La estaba haciendo despacio, evitando los ángulos, considerando que las curvas eran más saludables para el movimiento y el flujo de las energías. Su nombre era Rogelio, un hombre de 42 años, sensible y sensitivo, pintor y artista de profesión, que por razones de trabajo y oportunidad se había trasladado por un tiempo a Francia. Estaba muy unido a su hermana. Desde pequeños habían mantenido lazos muy profundos y se habían querido mucho. A pesar de la distancia, sabían cómo estaba cada uno aunque no mediara una comunicación directa entre ellos.

Las conversaciones entre hermanos eran de mucha confianza, tocando temas que muchos no se atreverían a abordar jamás. Cuando Maribel y Rogelio hablaban de la muerte, él siempre manifestaba mucha paz y tranquilidad. A veces ella enfatizaba sobre el deceso de tal o cual pariente y amigo, y su hermano, siempre ecuánime, respondía:

–No pasa nada. No tiene importancia... Es bueno que cuando llega la hora, la persona pueda irse, Es un paso positivo, parte del ciclo de la vida, y si es rápido el desenlace, mejor.

Total, a una vida le sigue otra...

Una vez, cuando Rogelio tenia 25 años, enfermó gravemente de neumonía. Ardía en fiebre, se ahogaba y hasta llegó a verse fuera de su cuerpo. Se lo contó a su hermana, diciéndole que cuando se vio y se sintió desplazado fuera de su cuerpo (un viaje astral consciente), percibió una apacible luz que lo envolvía y escuchó una voz que le decía:

–Estás conociendo esta situación que es estar al borde para que, conociéndola, estés preparado para cuando sea tu tiempo.

Cuando Rogelio se encontraba en el sur de Francia siguiendo la ruta de los Cátaros para hacer unos trabajos de dibujo y pintura, sufrió un violento accidente de tráfico muriendo instantáneamente.

Resulta que el día del accidente tenía que llevar a su hijo a la escuela y le había dicho a su mujer:

–Conduce tú que hoy yo tengo sentimientos y sensaciones de fatalidad.

Por la tarde, habiendo olvidado el sentir de la mañana, tomó el volante y se dirigió a su casa de campo donde iba a pintar un cuadro, pero por evitar una piedra dejada irresponsablemente en el camino por alguien se estrelló violentamente con el coche y murió en el acto.

Días antes del accidente había comentado:

–¡Estoy cansado de este cuerpo!

Maribel se quedó muy triste por esta pérdida y por no haber tenido la oportunidad de despedirse directamente de su querido hermano.

Al mes del accidente, Maribel soñó que iba en un coche con su madre, su hermano y hasta su cuñada, rumbo al cementerio del pueblo. A mitad del camino apareció un almacén al lado de la carretera, como una gigantesca nave industrial y su hermano detuvo el automóvil y se bajó del mismo, yendo de inmediato hacia el almacén. Maribel lo siguió y vio que dentro del local había muchísimas puertas a un lado y al otro. Allí Rogelio le dijo:

–Maribel, hasta aquí me puedes acompañar. Más allá

no... Te amo y siempre te amaré, pero ahora me tengo que ir. Gracias por haberme acompañado hasta aquí.

»Recuerda lo que te decía,«¡no pasa nada!... Es bueno que cuando llega la hora, la persona pueda irse. Total, a una vida le sigue otra»...

En el sueño se abrazaron y ella sintió claramente la presencia y hasta el olor de su hermano. El abrazo era la tan ansiada despedida que no había podido tener. En el sueño pudo verlo marchar entre las puertas y abrir una de ellas, mientras alzaba su mano en señal de adiós y luego cruzaba el umbral.

Maribel, al poco rato, se despertó consolada y llena de paz.

Algunas reflexiones:

- ✶ Todos tenemos un destino. Hay quienes nacen teniéndolo muy claro y su misión en la vida es proyectar esa seguridad, apartando el temor y orientando y tranquilizando a los demás.

- ✶ El destino nos une, nos coloca a unos y a otros en un mismo camino en el que cada persona tiene mucho que compartir. Es un proceso de aprendizaje mutuo, en el que si tú no aprendes lo que esa persona tenía que enseñarte o no le enseñas lo que ella tenía que aprender de ti, repites la relación de una vida a otra. A veces el beneficio ha sido tal que se repite, amplía y mejora la relación.

- ✶ El tiempo de vida es algo relativo; hay quien en pocos años deja una siembra extensa y hay quien en una larga vida nada deja.

- ✶ Los roles pueden variar de una vida a otra, de tal manera que quien fue tu hermano podría en la siguiente existencia ser tu hija, tu sobrino o tu nieto.

Joven y viejo a la vez

El tiempo es como una espiral ascendente;
bajo ciertas condiciones se abren portales
que permiten que miremos como por una ventana
el pasado o el futuro indistintamente,
y podamos enviarnos un mensaje

Juan Diego era un joven de 19 años con toda la vida por delante. Delgado y atlético, su cabello negro combinaba a la perfección con una ligera barba que cubría su blanco rostro. Había viajado a Alemania deseoso de conocer sus ciudades y su historia. Desde pequeño había manifestado una inexplicable atracción por ese país europeo, su historia y su idioma. Había empezado por el sur del país, al que había llegado usando el excelente sistema de trenes europeos.

En su curiosidad deseaba conocer aspectos de aquella etapa tan infortunada que fue la Segunda Guerra Mundial, para lo cual viajó al campo de concentración de Dachau, a unos 13 km al noroeste de Múnich en Baviera. Aquel nefasto campo había sido instalado sobre una antigua fábrica de pólvora. Fue utilizado desde el 22 de marzo de 1933 hasta el 28 de abril de 1945.

A comienzos de 1945 en dicho campo de exterminio se desató una epidemia de tifus que acabó con muchos de los prisioneros.

Desde que Juan Diego llegó al lugar, una fuerte opresión en el vientre y una sensación de angustia lo acompañaron en su recorrido. En aquel lugar no sólo se había esclavizado a la gente, sino que se la torturó, asesinó y hasta se experimentó con miles de individuos.

Mientras caminaba entre las barracas llenas de energía impregnada de dolor, sufrimiento y tristeza, sintió claramente el llanto y la desesperación allí grabados. Al acercarse a la zona de las tumbas, puso una piedra sobre una lápida en señal de respeto y solidaridad; en ese momento percibió como si una mano fría, quizás esquelética, tomara de la suya, aunque con gratitud.

Días más tarde en el *lobby* del hotel estaba sentado en un sofá amplio manipulando su teléfono móvil, cuando una persona se sentó a su lado. De reojo podía percibir que era alguien bien vestido, de traje. Ese individuo empezó a hablarle amablemente y Juan Diego sintió hacia él una gran familiaridad. Hasta la voz le resultaba más que conocida. Pero por alguna razón no se daba la vuelta para verlo.

El extraño le hablaba de la vida, de la importancia de tomar decisiones y de meditarlas bien; de la fragilidad de la existencia y de lo corta que suele ser. También le refirió que muchas veces uno viaja a lugares que lo llaman porque hay una relación que puede venir de otras existencias. Juan Diego le contestaba con monosílabos, moviendo la cabeza, como si no quisiera comprometerse en una conversación profunda mientras estaba enfocado en su teléfono enviando mensajes.

En un determinado momento el desconocido se despidió de él diciéndole que no le iba a interrumpir más, pero que no se olvidara de todo lo que le había dicho.

–¡Sí, ya lo sé! De lo corta que es la vida y de lo importante que es aprovechar las oportunidades. Está bien, gracias...

Horas más tarde se encontraba en su habitación cuando llamaron a su puerta. Se levantó para atender y ver quién era. Cuando abrió dirigió su mirada a los pies y a las piernas de la persona que tenía delante suyo. Era la ropa del mismo que horas antes le había estado intentando hablar. Levantó la mirada lentamente y se encontró cara a cara con un hombre de unos 35 o 40 años con barba. Pero lo que más le impactó fue que era él mismo en el futuro.

Esta persona que se parecía a él dentro de 20 años, le reiteró el mensaje:

–Por favor, no te olvides de tomar decisiones meditándolas bien. La vida es frágil y pasajera.

En ese momento, Juan Diego perdió el conocimiento cayendo al suelo.

Horas más tarde, otros huéspedes dieron cuenta a la recepción de que un joven yacía desmayado en el umbral de su puerta. Fue auxiliado por paramédicos y se recuperó rápidamente pero sin poder olvidar ese insólito encuentro.

Pidió que revisaran las cámaras de seguridad del pasillo. Cuando se las mostraron, aparecía el preciso instante en que él abría la puerta y se desmayaba, pero en el video no se veía a esa extraña persona. No había nadie en el corredor.

Esta experiencia marcó mucho su vida, haciéndole pensar sobre la necesidad de hacer cosas que le dieran un sentido trascendente a su existencia porque podría ser que él mismo estuviera encarándose desde otro tiempo por no haber sabido meditar bien las cosas como para actuar y comprometerse con responsabilidad.

Si era un mensaje dado por él mismo, había sido bien recibido...

Algunas reflexiones:

* En nuestra vida solemos recibir mensajes provenientes de otras realidades, pero pocas veces les prestamos atención. Hoy la ciencia teoriza y experimenta sobre la existencia de universos paralelos y nuestra posible interacción con ellos.

* Por eso no sería extraño que, bajo ciertas condiciones muy especiales, pudiéramos tener la posibilidad de proyectarnos a nuestro pasado e intervenir en nuestra propia vida, para alertarnos y corregir o modificar ciertos procesos.

* Se considera que no podemos cambiar el pasado pues se originaría una paradoja espacio-temporal que pondría en peligro nuestra propia existencia. Pero, ¿qué pasaría si pudiéramos anteponer una realidad a otra o corregirla sobre la marcha?

* Vivimos en un universo sin límites; el único límite es nuestra ignorancia.

La carreta desbocada

Hay momentos en nuestra vida
en que llegamos a un lugar,
o vivimos una situación que nos parece
conocida o hasta repetida,
sin haber estado allí nunca antes
ni haber pasado por esa vivencia
anteriormente en esta existencia.
A eso lo llamamos «déjà vu».

Aquella noche se había reunido en el distrito limeño de San Miguel un nutrido grupo de jóvenes con la intención de hacer meditación, técnicas que ya venían practicando juntos asiduamente una vez a la semana, desde hacía varios meses atrás. Pero aquella noche en la amplia sala de la casa de uno de ellos, el entusiasmo se había disparado al límite pues se iba a introducir un ejercicio de retroceso reencarnativo para conocer las posibles vidas anteriores.

La persona que dirigía la sesión tenía amplia experiencia en estos temas. Invitó a los chicos y chicas presentes a ponerse de pie y, con los brazos levantados, dirigió una cúpula de protección hacia ellos haciendo que todos los participantes se familiarizaran con el concepto del aura, como cúpula de protección natural que puede verse incrementada con la respiración y el movimiento de energías. Se selló la protección de todos y cada uno de los asistentes con una invocación u oración universal. A continuación, el faciltador de la sesión sugirió a los presentes sentarse cómodamente, tomar respiraciones lentas y profundas e iniciar con ello un proceso de relajación.

Cuando ya estaban bien relajados manteniendo todos la respiración, el monitor les sugirió que visualizaran en su mente un túnel mental y que se proyectaran a través de él, girando en el sentido contrario a las manecillas del reloj, viajando a través de las imágenes de su juventud, su adolescencia y su niñez visualizando en su mente los momentos más intensos de aquellas etapas de su vida.

Les hizo girar mentalmente por el túnel hasta llevarlos al momento mismo de su nacimiento en la presente encarnación. Les pidió que trataran de definir qué sentían... Luego los proyectó seis meses antes de nacer dentro del vientre materno.

Para varios de los participantes el reencuentro con esos sentimientos y sensaciones fue muy emotivo.

Pero el ejercicio continuó proyectándolos a todos 50 años antes de nacer, 100 años, 200 años y más aún. Las imágenes se sucedían en las mentes de aquellos noveles buscadores de la verdad.

Uno de aquellos jóvenes llamado Telmo vivió tan intensamente la práctica que vio en su pantalla mental una plaza como de fines del siglo XIX en los Estados Unidos, presumiblemente en Pensilvania. Contempló nítidamente una plaza rodeada de edificios de paredes de ladrillos entre ocre y naranja, puertas y columnas blancas, así como muchos árboles en la plaza y calles empedradas alrededor con cierta cantidad de lodo en ellas.

Luego la imagen cambió y vió a una joven como de unos quince años de edad, terminando de vestirse colocándose un largo pasador o aguja en su negro pelo recogido. Y después, sobre él, un amplio sombrero. Tenía una blusa como de satén color marfil con botones, bien pegada al cuerpo y una larga falda negra con amplio vuelo. Al verla sintió una sensación inexplicable. Era como estar viéndose a sí mismo pero en una versión pasada y encima femenina.

Siguió la escena con suma curiosidad y vio que la joven salía de una casa que era el consultorio de un médico. Al parecer la sonrisa y la iluminación del rostro levemente maquillado de ella, se debían a que, a pesar de su corta edad y estando ya casada, había recibido la grata noticia de que estaba embarazada.

Al salir fuera llevaba en sus manos un largo paraguas o sombrilla, pero lo conservaba enrollado. El día estaba gris pero había dejado de llover y ella decidió que no merecía la pena abrirlo sino, más bien, usarlo de elegante apoyo.

Iba a cruzar la calle cuando en la distancia observó a una amiga suya vestida de forma similar pero toda de negro, que con gritos de alegría la llamaba. Sin tomar muchas precauciones, la joven madre avanzó por la calle pero tropezó con su propio vestido. En ese preciso instante una carreta tirada por caballos se desbocó, abalanzándose sobre ella y aplastándola por el lado del muslo derecho con sus pesadas ruedas de madera y todo el peso de la carga.

La escena fue tan impactante que Telmo abrió los ojos de inmediato sin esperar a que el monitor los llamara a todos de regreso, quedándose estremecido y con una violenta taquicardia, mientras se sujetaba la pierna por donde había sido el dramático atropello que le había costado la vida a la joven.

Telmo no se lo podía creer: había visto y sentido, con una claridad pasmosa, una existencia anterior como mujer.

Cuando el ejercicio se iba terminando, el instructor le hizo señas para que cerrara los ojos y continuara. Pero él no quería repetir semejantes escenas. Un momento después volvió a entrar en el ejercicio escuchando cómo se invitaba a todos los presentes a detener el giro del tiempo e invertirlo regresando a través de los siglos, las décadas y los años hasta el vientre materno en esta última encarnación, y de allí volver al momento del nacimiento, después a recorrer los años de la infancia, la adolescencia y la juventud. Pero no sólo volvieron al momento presente, sino que los motivó a ir al futuro y ver qué les tenía deparado el destino después de la reunión.

Al cabo de unos minutos el instructor de prácticas los trajo a todos de regreso al momento presente haciéndoles abrir los ojos.

Había mucho entusiasmo en el ambiente; todo eran sonrisas y manifestaciones de asombro y sorpresa. Mientras, Telmo, con la cabeza baja y frotándose aún la pierna derecha, no podía creer lo que había visto y lo que más tarde, al retomar el ejercicio, le había venido a la mente.

Varios de los presentes coincidieron en que, en esa breve proyección al futuro, se habían visto en grupo en la parada del autobús cuando llegaba un vehículo con matrícula QI-2467, y que, al entrar en el bus, había sentados dentro una madre con su niño como de cuatro años y un militar de uniforme con un maletín de cuero negro.

Al escucharlos Telmo no podía creer lo que estaba oyendo. Él también había visto el mismo número de matrícula y dentro del autobús a esas personas con toda nitidez.

Los relatos se pusieron muy interesantes porque todos habían visto algo, algunos más que el resto. Entre los relatos más destacados estuvo el de Adriana. Ella era una buena amiga de Telmo.

Adriana contó que se había visto caminando por la plaza de una ciudad antigua pero bella, con muchos árboles y muy verde, que podría ser en los Estados Unidos. Ella se veía a sí misma como una mujer joven, pero toda vestida de negro con un amplio sombrero y sombrilla. Al parecer su marido había fallecido hacía poco y, mientras ella caminaba distraida, observó en la distancia a una buena amiga que venía del médico donde la habían examinado para saber si estaba embarazada o no. En el momento en que elevaba su mano para saludarla de manera entusiasta, vio como su amiga cruzaba intempestivamente la calle, se tropezaba con su vestido y era atropellada por una carreta desbocada muriendo instantáneamente.

Mientras contaba esto, Adriana estalló en sollozos y tuvo que ser consolada por las otras chicas presentes.

Telmo no sabía si contar o no lo que había visto. Tenía delante suyo a la misma amiga que había atestiguado su muerte más de cien años atrás. Finalmente se decidió a hacerlo. Al final del relato se produjo un silencio total. Todos los presentes se miraron unos a otros terminando por concentrar su atención en Adriana, quien sólo atinó a ponerse de pie para cruzar la sala y abrazar efusivamente a Telmo.

Saliendo de la reunión, el grupo caminó por varias calles intercambiando comentarios y experiencias mientras se acercaban a la parada de autobús. Pero cuando llegaron, el bus ya se estaba marchando, lo cual les impidió ver el número de matrícula y los pasajeros que iban dentro. Temieron entonces no poder confirmar sus visiones.

Quince minutos después llegó el siguiente autocar y, para sorpresa de todos, la matrícula era la QI-2467. Al subir, todos vieron que estaba tal cual el militar uniformado con su maletín de cuero negro. Pero no estaba la señora con el niño. Se acomodaron en los asientos algo confundidos. Pero, nada más partir el bus, paró intempestivamente y dejó que se subiera la señora con el niño, quienes, disculpándose, se fueron al fondo a sentarse.

Todo el camino de regreso fue una conversación sobre lo extraordinario de las experiencias y la increíble confirmación que habían tenido de esa otra realidad.

Más de tres décadas después, Telmo viajó por negocios a Filadelfia en Pensilvania, y cuando volvía a su alojamiento, pasó por una calle al lado de una plaza, sintiendo un revoltijo en el estómago y un estremecimiento general. Le pidió al taxista que le llevaba que se detuviera y lo dejara allí.

No se lo podía creer. Estaba en la plaza donde ocurrió su muerte en una vida anterior. La calle aún estaba empedrada y la plaza llena de verde vegetación y árboles. Las casas y los edificios conservaban en su mayoría el estilo de ladrillos entre ocre y naranja. Las puertas y ventanas eran blancas, al igual que las columnas.

Cruzó hacia la esquina donde recordaba que estuvo alguna vez el consultorio del médico, pero allí ahora había una excavación profunda para construir un moderno edificio. Así que volvió a la calle y, después de mirar a derecha e izquierda por si venía algún coche, colocó respetuosamente sus manos sobre el suelo empedrado en el preciso lugar del atropello. Le vinieron entonces las imágenes aún más claras y nítidas que en el ejercicio realizado en su adolescencia. Las sensaciones le llegaron cargadas de dolor y frustración por un futuro truncado. Hasta volvió a sentir que la vida se le iba bajo las ruedas de la carreta. Cuando reaccionó, tenía un automóvil delante de él tocándole la bocina. En ese momento acarició las piedras del adoquinado sellando finalmente ese recuerdo y retirándose del lugar.

Algunas reflexiones:

* Nunca hemos sido mejores de lo que somos ahora. Somos el resultado de nuestras vidas anteriores. Hemos tenido que vivirlo todo y aprenderlo todo para crecer internamente y poder manejar cada vez más y mejor nuestro propio destino.

* Poco a poco, la Humanidad se va sensibilizando sobre estos temas, y hasta la física se atreve a mencionar la posibilidad de demostrar la continuidad de la conciencia más allá del cuerpo. Y es que una vida no es suficiente para llegar a ser todo lo que debemos y podemos ser.

* La reencarnación sería de por sí una manifestación evidente de la misericordia divina, como una oportunidad reiterada de corregir y mejorar nuestra experiencia de vida y profundizar los lazos de unión con los demás.

* Estamos en una época mágica de libertad de conocimiento y liberación de información, en la que los científicos se atreven a buscar comprobarlo todo, hasta aquello que antes era considerado superstición. No es posible que tantas personas en el mundo, de diferentes culturas y religiones, tengan recuerdos de experiencias de vidas anteriores. Muchos de ellos han podido incluso verificarlos viajando e investigando, mientras que otros con prejuicios consideran que todos ellos están equivocados y que todo es simplemente fruto de su imaginación.

* Y así como se puede ver el pasado, también nos podemos proyectar hacia el futuro, habiendo muchas formas de verificar y comprobar nuestras percepciones.

La despedida

El ser humano vive, crece y evoluciona
interactuando consigo mismo y con los demás.
En la medida en que comparte,
aprende y enseña, buscando las verdades
que han de guiar su vida.
Todos tenemos algo que enseñar
y mucho que aprender.

Nieves era enfermera de profesión. A sus 33 años estaba enferma: había sido contagiada por su marido Antonio del terrible virus del SIDA. Su esposo, un hombre de 40 años, de vida sexual relajada, era un feriante que iba los fines de semana llevando de un pueblo a otro juegos mecánicos para las ferias. Sus atracciones eran muy populares y solicitadas por niños y adultos, especialmente sus tiovivos, la rueda Chicago y los autos locos.

La salud de Nieves se iba deteriorando rápidamente. La enfermedad le afectó agresivamente consumiéndola en poco tiempo. Terminó en el mismo hospital donde hasta hacía poco había trabajado velando por la salud de los demás. Quienes ahora la cuidaban eran sus colegas y amigas de muchos años. Pero aquella era la época en que se conocía poco la enfermedad y despertaba toda clase de miedos y rechazos.

Por falta de espacio, la habían colocado en una habitación al lado de otra paciente más joven que padecía de otra dolencia. Esto originó la protesta de la madre de la chica que, escandalizada, se quejó a Ana, la jefa de enfermeras de esa sección. Ana era una persona de mente muy abierta y sensible, pero a vez que se desenvolvía con autoridad y firmeza.

La madre le dijo a Ana:

–¿Cómo puede ser esto posible?

»¿Por qué han colocado a mi hija al lado de una paciente

con SIDA? ¡Esto es inaudito!

–¡Calma señora! Ha sido por razones de espacio. El hospital está colapsado y ya no tenemos camas ni cuartos disponibles.

»Además, la paciente tiene su enfermedad controlada y se están tomando todas las precauciones.

–Póngase la mano en el corazón y dígame –le interrumpió la madre angustiada–: ¿pondría usted al lado de un familiar suyo a un enfermo de SIDA?

–Con la mano en el corazón le diré que al lado de ésta sí lo haría, porque sé que la paciente es muy cuidadosa y no le contagiará a su hija de nada. Ella es enfermera como nosotras y fue el desgraciado y libertino de su marido quien la contagió a la pobre. Además, el SIDA no se contagia tan fácilmente, sino no tendríamos pacientes con este mal –contestó Ana dejando pensativa a la madre de la joven.

Durante sus guardias Ana se reservaba tiempo para visitar a Nieves para hacerle compañía y hablar con ella, escucharla y motivarla a que extrajera todo el dolor, la tristeza, la amargura y la rabia que llevaba guardadas. Así le servía de paño de lágrimas y le ayudaba a liberarse de todo el resentimiento contenido. También aprovechaba para hacerla relajarse invitándole a que cerrara los ojos, tomara respiraciones lentas y profundas, y sugiriéndole que se imaginara cómo una luz verde de sanación la envolvía de los pies a la cabeza, y que luego se transportara al lugar más bello, tranquilo y feliz en que le gustaría estar. A veces era una playa, a veces un bosque, otras un lago al pie de montañas rocosas y nevadas. Con esas relajaciones la dejaba durmiendo profundamente sin dolor y con una hermosa sonrisa. La ventaja era que de los ejercicios también se beneficiaba la joven compañera de cuarto de Nieves, que mejoró en un tiempo récord.

Al agravarse Nieves la llevaron a la Unidad de Cuidados Intensivos pero Ana sintió que su amiga aún no se iría por lo que siguió acompañándola cada vez que podía, tomándole de la mano, besándola en la frente y dándole ánimos.

Una y otra vez entró en la unidad, mientras Nieves mantenía una salud intermitente, en la que mejoraba y empeoraba por días. En el último ingreso en la UCI, Ana fue rápidamente a verla y la encontró muy mal. Entonces Nieves, bastante agitada y pálida, le dijo a su amiga:

–Fíjate querida Ana que hay allí unos señores de blanco que me observan. ¿Qué querrán?

»¡Me están hablando! Pero me cuesta entenderlos. Por favor pregúntales... Es que no sé si me creo lo que me dicen.

Ana, por acto reflejo, se giró y no vio a nadie. Tampoco había allí médicos u otras enfermeras con las que Nieves pudiese haberse confundido. Entonces trató de sentir la posible presencia de entidades y captar la razón de dicha presencia. Cerró los ojos e intuyó lo que estaban diciéndole a Nieves: «Déjate llevar»...«Ya termina tu sufrimiento. No es tan difícil dar el siguiente paso»...

Así que, dirigiéndose a Nieves, le dijo susurrándole al oído:

–¡Cree lo que te están diciendo que es verdad amiga!

»Si ves una luz no te resistas, déjate llevar...

Nieves se quedó muy tranquila. Ana, al salir de la estancia, no quiso despedirse de su amiga para no asustar a la madre que estaba presente. Nada más cruzar la puerta pensó: «No voy a poder despedirme de ella».

A la mañana siguiente Ana volvió adonde se encontraba su amiga y se enteró de que esa madrugada Nieves había fallecido... Si bien esto la entristeció, como profesional de la salud agradeció a Dios y a la vida que hubiese terminado el sufrimiento de su colega.

Horas más tarde, en el séptimo piso del edificio donde vivía, Ana se encontraba colgando la ropa en el balcón, cuando la envolvió como una ráfaga de viento cargada de un intenso olor a violetas. Entonces recordó que Nieves amaba las violetas.

–¡Ésta es Nieves! –pensó la enfermera esbozando una sonrisa.– Si eres Nieves, dame una señal amiga de que estás bien.

Se puso a mirar desde el balcón en la distancia. No pasaron más de dos minutos cuando llegó un ave y se quedó observándola. Era gracioso mirar cómo movía el cuello el pajarillo y la miraba detenidamente. Ana se acercó a la avecilla pero ésta no se intimidaba por su presencia, hasta que voló.

La enfermera sintió que había llegado la hora de que su amiga volara alto, y que la avecita había sido algo simbólico pero contundente.

En esos días se celebró una misa por Nieves en el tanatorio del hospital. Cuando Ana estaba entrando a la capilla, se encontró con sus amigas enfermeras que estaban conversando a un lado de la entrada. Las saludó y entró la primera. Avanzó unos veinte metros cuando sintió unas manos que se apoyaban en sus hombros como meciéndola. Entonces se giró para ver quién de sus compañeras se había reclinado pesadamente sobre ella. Para su sorpresa no había nadie detrás. Comentó entonces en voz baja, como para sí misma:

–¡Adiós Nieves, sigue tu camino amiga!

Algunas reflexiones:

- ✶ La vida es frágil y pasajera. Pero también es una oportunidad y una aventura interesante, heroica y divertida si sabemos encararla. Desde que nacemos empezamos a morir; por ello debemos aprender a vivir para saber cómo morir. Hay que vivirla con intensidad aprendiendo de todo y de todos, procurando ser felices y dando sentido a nuestra existencia.

- ✶ Si tuviéramos que hacer un balance al final de nuestra vida –que, de hecho, siempre tendremos la oportunidad de hacer–, veríamos que todo lo que trabajamos, comimos y dormimos es como si lo hubiésemos hecho en un sólo día de nuestras vidas, pero que cada momento en que nuestra vida fue útil y trascendente para los demás, constituyó el verdadero tesoro y el sentido trascendente de la misma.

- ✶ Hay personas que por su misma profesión ya están realizándose en toda su humanidad dando amor, cuidados y consuelo a los demás, aunque no es garantía que por tener tal o cual profesión seas por ello mejor ser humano o hayas aprovechado mejor la oportunidad que la vida te ofreció.

- ✶ Cualquier lugar donde te encuentres, cualquier trabajo o profesión, es una oportunidad para crecer y servir, para amar y compartir; todo depende de tu actitud.

La enfermera

La vida está llena de oportunidades
para conocerse a uno mismo,
para ser uno mismo,
para servir, para ser mejor persona,
para cambiar de actitud
o para concienciar a los demás.
La vida es de por sí la gran oportunidad de ser y estar.

Consuelo y su nuera Mercedes estaban en la sala de espera del hospital al lado de Amparo, una experimentada enfermera pariente suya. Cerca, en la Unidad de Cuidados Intensivos, se estaba muriendo en ese momento Pepe, marido de Consuelo y suegro de Mercedes. Él había trabajado en un aserradero del pueblo de Azeneta en Castellón, pero ahora, a sus 72 años, estaba jubilado. Tenía un cáncer muy agresivo, y los médicos le habían dado sólo 15 días de vida.

Pepe era el hermano de la madre de Amparo, pero la enfermera nunca había tenido mayor relación con el tío. A pesar de esta situación, en cuanto él se agravó, ella puso mucha atención en sus guardias para ir a visitarlo y atenderlo.

La madre de Amparo le decía:

–¡Tú ve a ver al tío! Aunque no haya mucha relación con él y su familia. Es lo que corresponde.

Consuelo, al ver la gravedad de su esposo, le pidió a su nuera que llamara a su marido e hijo y a sus otros hijos. Ella estaba muy triste y nerviosa como para llamarlos porque su padre se estaba muriendo, y de un momento a otro podía tener lugar el fatal desenlace. Pero Mercedes –siempre en pugna con la suegra– se opuso contradiciéndola y diciéndole que no había que exagerar, que no había premura. Que si los llamaba los iba a alarmar innecesariamente.

Al cabo de un rato Pepe se agravó irreversiblemente perdiendo sus signos vitales, lo que obligó a los médicos a luchar por su vida tratando de recuperarlo. En ese momento, Amparo, ante a la inacción de aquellas dos mujeres, entró en la Unidad de Cuidados Intensivos, y acercándose a Pepe, le susurró al oído:

–¡Pepe, no te mueras aún! Espera a que estén aquí tus hijos, sino estaremos en medio de un conflicto familiar.

A la salida de la unidad Amparo insistió a Mercedes para que llamara a su marido que trabajaba en un banco.

–Mercedes, déjate de tonterías. Si Pepe, que es el padre de tu marido, se muere y tú no les has avisado, no te lo van a perdonar jamás. Ve y dile a tu marido de una vez que deje de trabajar y baje aquí al hospital.

Mercedes, conmovida por la autoridad de Amparo, se puso a llamar inmediatamente a la familia. Y ni bien llegaron los hijos, Pepe, que se había recuperado ligeramente, los miró, dio un último suspiro y falleció delante de ellos.

Por la noche, Amparo, que ya había acabado su turno y había regresado a su piso en un edificio de Valencia, estaba en la cama a punto de dormirse cuando se le apareció Pepe a un lado de pie. Estaba luminoso, elegantemente vestido, y le preguntó a su sobrina:

–¿Qué tal lo hice? –haciendo alusión al esfuerzo de no haberse muerto antes de tiempo.

Ella, mirándolo, sonrió y sólo atinó a decir mentalmente:

–¡Lo hiciste muy bien tío Pepe!

A continuación la imagen se fue desvaneciendo delante de sus ojos, quedando en ella una gran sensación de paz.

Algunas reflexiones:

- ✶ La vida está dándonos constantes oportunidades para nuestro crecimiento y aprendizaje, para que seamos generosos, compasivos y sabios, aplicando todo lo aprendido en ésta y en otras existencias; de hecho, nunca terminamos de aprender. Siempre habrá algo más que saber, conocer y aplicar.

- ✶ Si aprovechamos las oportunidades que la vida nos brinda, éstas atraerán a nuestra existencia, por ley de consecuencia, un sinfín de bendiciones y de nuevas oportunidades. Algunas de estas oportunidades consistirán en verificar otras realidades que nos demuestran cuan mágica puede ser la vida si la sabemos encarar, y que nosotros mismos podemos ser magos y alquimistas, creadores de realidades.

La llamada telefónica

La comunicación entre diferentes planos y dimensiones no conoce más límite que nuestra sensibilidad y voluntad de escuchar y atender la llamada

Óscar es un talentoso psicólogo y escritor de Madrid, que ha hecho incursiones en todas las técnicas más profundas de meditación y espiritualidad. Es de mediana edad, pelo castaño bastante encanecido, no muy alto, sereno y alguien de gran calidad humana.

Estaba experimentando con técnicas budistas relacionadas con el poder de despedirse y cortar los lazos de dependencia con los parientes difuntos. Era consciente de que ello podría ser un gran instrumento de liberación y sanación.

Hacía poco que su madre había fallecido y él había sentido reiteradamente que ella se hacía presente acariciándole el cabello, como solía hacer en vida. Y él llegó hasta a decir en voz alta:

–¡Ya no lo hagas más mamá, que me pone nervioso!

Se encontraba meditando después de su jornada de trabajo, como parte de un proceso de 49 días (*Phowa*) para despedirse de su madre, cuando empezó a sonar insistentemente un teléfono móvil en el primer piso de su casa. Cuando terminó de meditar y bajó por las escaleras hacia la sala, se acercó al teléfono para ver quién le había estado llamando, y se sorprendió mucho cuando encontró que, en el registro de llamadas, aparecía el número de teléfono de su madre, que estaba desactivado y guardado.

Investigó después con la compañía telefónica que le rastreó el origen de la llamada. Lo que se le dijo fue : «Operador desconocido».

Óscar sintió y comprendió en ese momento que la llamada realmente era de su madre, y que procedía de otros planos con la intención de despedirse.

Algunas reflexiones:

* La vida nos da la oportunidad de despedirnos de una forma u otra de aquéllos a quienes, llegado el momento, les correspondió cruzar el umbral. Esta despedida nos permite liberarnos unos a otros de los lazos de dependencia que suelen impedirnos volar hacia planos más altos y seguir nuestro proceso, sin que esto signifique que nuestro amor hacia ellos desaparezca.

* Hay quienes trabajan el desapego conscientemente para tener argumentos con los cuales enseñar a los demás a sanar el dolor, la tristeza y el vacío que provoca la ausencia de aquéllos a quienes más amamos. Pero lo que las enseñanzas ancestrales aportan, aunado con los descubrimientos científicos, es que siempre hay un después y que debemos irnos en paz, para poder volver lo más pronto posible para continuar haciendo, creciendo y amando.

La suegra en la cocina

Hay personas que tienen existencias duras,
que viven experiencias traumáticas,
que enfrentan todo tipo de pruebas
que templan su espíritu, y que,
aún así, conservan la alegría de vivir
siendo fuente de inspiración
para los demás

Zenaida había nacido en el seno de un bello hogar donde sus padres se amaban y amaban el fruto de su amor, su pequeña hija. De origen napolitano, ella siempre fue pequeña de estatura pero de alma grande. Su padre, hijo de un inmigrante, había sido un hombre emprendedor que había amasado una fortuna respetable que permitió a la familia vivir holgadamente y sin necesidades en la ciudad de Lima, capital del Perú. Pero como a los dos años de edad, la madre de Zenaida falleció y la niña y su padre quedaron solos compartiendo su inmenso dolor.

No queriendo que su pequeña hija creciera sin madre, no pasó mucho tiempo hasta que el padre conoció a otra señora que le pareció la persona adecuada para llenar el vacío dejado por su mujer. Se casó con esta otra persona. Al principio, todos eran cuidados y atenciones para él y la niña, mientras ella concebía al poco tiempo su propio hijo llamado Pepe. Pero seis años después, el padre enfermó gravemente. Antes de morir le hizo prometer a su nueva mujer que velaría por su pequeña. El mismo día que enterraron al padre, la madrastra llevó a la niña de tan solo 9 años de edad con una pequeña maletita a la puerta del orfanatorio e hizo que la recibieran como una niña pobre sin familia, dejándola abandonada y despojándola de todo su patrimonio. La niña creció sola y desamparada, quedándose allí hasta que cumplió 21 años, cuando la tía Rosa, hermana de su madre, se acordó de la joven y se apiadó de ella, sacándola de aquel lugar y recibiéndola en su casa donde ella ayudaba en las tareas del hogar.

Durante una fiesta de carnaval a la que pudo asistir a duras penas, conoció a quien sería su marido, Ángel, quien le trajo a su vida la alegría que hacía mucho había desaparecido. Ángel la cuidó y trató siempre como una reina. De este matrimonio nacieron tres hijos; la mayor de ellos, Marina, años más tarde se casó con José y tuvo dos hermosas hijas.

Durante toda su vida Zenaida fue un ejemplo de valor y coraje, mostrando siempre una muy buena salud y un ánimo envidiables.

Cuando iba a cumplir 91 años, la mujer enfermó gravemente. Ya su salud se había venido estropeando a raíz de una caída o desmayo que había sufrido dos años antes, y que al parecer marcó el inicio de su deterioro. Después de varios ingresos en el hospital, falleció tranquilamente y en paz.

Curiosamente ella había llegado a establecer una conexión muy profunda con su yerno José, quien siempre que podía procuraba animarla y hacerle ver toda la hermosa siembra que había significado su vida. Con esos comentarios José siempre le sacó sonrisas y que más de una vez ella se avergonzara.

El día en que murió Zenaida estuvieron allí todos sus familiares, pero José no pudo estar presente pues, por razones laborales, estaba en la laguna de Tota en Boyacá, Colombia. Llegó tiempo después del sentido fallecimiento.

Encontrándose José durmiendo en un campamento en la laguna de Tota, se despertó, según su reloj, a las 4.44 h con deseos de ir al baño, y saliendo de su tienda de campaña, se dirigió hacia la zona de los lavados, distante unos 50 metros de su tienda. El ambiente estaba muy húmedo; había llovido toda la noche en esos bosques montañosos, pero el cielo ya se había despejado y aparecía bellamente estrellado. Mientras caminaba sintió fuertemente que algo muy especial iba a ocurrir. Hasta percibió una cálida y tierna compañía a su lado.

De regreso a la tienda de campaña, se volvió a acomodar para seguir durmiendo y rápidamente se quedó profundamente dormido. A continuación tuvo un sueño nítido y claro.

De pronto veía que estaba en la casa original de doña Zenaida y don Ángel en el distrito de Barranco (de donde ellos se habían mudado con posterioridad). Él se encontraba sentado en una silla al lado de la mesa del comedor de diario, y enfrente, en la cocina, estaba Zenaida muy joven, como con unos 22 o 25 años, bien arreglada, con un vestido amplio de flores de colores por debajo de las rodillas. Era como de los años 50. Ella estaba cantando muy alegre y cocinando. De hecho, era una gran cocinera a la que le gustaba agasajar a los invitados con los más exquisitos platos.

José se percató de que estaba soñando, que esa situación era imposible y que su suegra había fallecido ya, pero como era tan consciente del momento y la situación, prefirió seguir en ella. Estaba fascinado por poder darse cuenta de que estaba soñando y a la vez poder interactuar con esa realidad.

De pronto José se incorporó de la silla acercándose a la cocina donde estaba Zenaida, y saludándola como solía hacer, le dijo:

–¡Hola Ma!... Qué bien te veo, estás muy guapa.

–¡Hay, gracias Josecito!

–Quería aprovechar la oportunidad para agradecerte todo lo que has hecho por la familia. Por habernos dado tanto amor y cuidados. Siempre fuiste nuestra inspiración por tu valor, alegría y entereza. Quería que lo supieras.

–Lo sé porque tú siempre me lo has dicho. Siempre me has hecho sentir muy bien y yo te lo agradezco, porque sé que lo que dices es sincero y sale de tu corazón.

–Debes sentirte orgullosa de la familia que has creado Zenaida.

»Tu vida ha sido importante para todos nosotros, y siempre estarás en nuestra mente y en nuestros corazones.

–Y yo a vosotros porque a todos os considero mis hijos... Me siento realizada en todos vosotros. Sólo me preocupa Ángel Mario, mi hijo menor, porque está solo y no ha organizado su vida como yo hubiera esperado. Quisiera ayudarle y motivarle.

–No te preocupes, ya verás como despega. Es muy inteligente y capaz. Sabes Ma, ¿te puedo dar un abrazo?

–Claro que sí Josecito.

Zenaida se quitó el delantal con el que estaba cocinando y, saliendo de la cocina, abrazó a José. Durante el abrazo él se sorprendía de estar sintiendo el cuerpo de Zenaida y hasta de estar percibiendo el olor del perfume que ella usaba y que tanto le gustaba a su marido. De pronto ella empezó a crecer, a hacerse más alta, fuerte y grande convirtiéndose en un hombre robusto lleno de fuerza y vitalidad.

José pensó para sí: «Sabía que ella era un alma grande, fuerte y valiente; ahora lo confirmo».

De pronto Zenaida volvió a ser la persona bajita, femenina y coqueta que siempre fue, y se dirigió a su cocina para seguir preparando lo que tenía a medio hacer. En ese momento José escuchó que, en el baño de la casa de la suegra, alguien se estaba duchando y se dirigió allí sintiendo y confirmando que era su mujer Marina.

Tocó la puerta y entró en el baño. Sentándose en el inodoro, comenzó a contarle a su mujer lo que había pasado con su madre, con todo el detalle que pudo. Incluso le habló de su transformación mientras la abrazaba.

Marina sacó la cabeza por un lado de la cortina plástica de la ducha, y sonriendo, le dijo:

–¡Qué bonito es lo que me cuentas José! Mi madre siempre te quiso mucho y había una conexión muy especial entre vosotros. Ella siempre te sintió en la distancia.

–Así es Marina... Qué locura todo esto, porque yo sabía que estaba soñando y me había quedado pendiente la despedida de tu madre.

–¡Pues ya lo has hecho!

–Sí, hasta me dijo que se sentía orgullosa de vosotros, pero que le preocupaba tu hermano pequeño.

–Así es José; a ella siempre le ha preocupado Ángel Mario. Pero sabe también que siempre estaremos para apoyarle.

–¡Cierto!

En ese momento José se despertó. Ya había amanecido y soplaba un viento invernal que sacudía las hojas de los árboles. Había tenido un sueño muy real y lo recordaba plenamente. A continuación agradeció a la vida esa experiencia a modo de despedida, y procuró contarle después a su esposa el contenido del mismo. Ella no recordaba lo que había soñado aquella noche.

En los siguientes días Ángel Mario y algunos amigos suyos fueron testigos de la aparición de su madre en su casa. También más de una vez él escuchó su voz y hasta sintió que ella le acariciaba el pelo mientras dormía.

Algunas reflexiones:

* La vida es la gran aventura del alma en la materia. Aquí podemos crecer internamente a través de las pruebas, los retos, los sentimientos y las emociones más intensas. Dependerá de nuestra actitud frente a la vida, y de los valores que estemos dispuestos a asumir el que nuestra existencia termine siendo una verdadera realización.

* Elegir venir a esta existencia como madre, postergando tus intereses y priorizando la entrega y el amor a los hijos y a la familia, es una de las grandes oportunidades de crecimiento. El amor de una madre es capaz de superar cualquier límite, incluso seguir protegiendo y apoyando a sus hijos más allá del tiempo y del espacio.

* Muchos de los sueños, visiones, sonidos o mensajes que recibimos y escuchamos en la mente, vienen de seres que están intercediendo por nosotros, que nos siguen amando y velando por nosotros.

* Los sueños que son viajes astrales, desprendimientos reales de uno de nuestros vehículos sutiles como es el cuerpo de las emociones y los deseos, se dividen en categorías. Entre ellos están los que son una mezcla combinada de realidad en otro plano con mensajes simbólicos. Estos sueños, que son experiencias reales en otra dimensión, por muy extraños que parezcan o fantásticos que sean los acontecimientos que en ellos se produzcan, constituyen una enseñanza, aprendizaje o experiencia de crecimiento. A veces un mismo sueño tiene partes simbólicas que le aportan mayor riqueza y trascendencia.

✶ A José no le extrañó la transformación de su suegra pues siempre supo en su fuero interno que ella era una guerrera, un espíritu grande y fuerte como para poder soportar estoicamente cuanto tuvo que vivir en su niñez, adolescencia y en parte de su juventud. Y siempre admiró en ella su valor y su capacidad de mantenerse alegre y agradecida a pesar de todo.

La visita del psiquiatra

El amor en nuestras vidas es capaz de desafiar
el tiempo y el espacio, de situarnos más allá
de nuestros propios límites cerca
de quienes nos necesitan cuando nos necesitan

Era temprano aún y los invitados seguían llegando a la sede de la embajada en el elegante distrito de San Isidro en Lima, la capital del Perú. Entre los invitados a la velada se encontraba el reconocido psiquiatra Dr. Teme, quien con una copa en la mano, conversaba animadamente con algunas personas muy importantes allí reunidas. Los temas que se trataban eran diversos, cuando el doctor, que estaba contestando con profundidad y sentido del humor a una de las preguntas de sus interlocutores, se quedó repentinamente en silencio mirando al vacío. Esto duró unos segundos hasta que de pronto reaccionó y se disculpó.

–Lo siento, me distraje, de repente es como si me hubiera trasladado a otro lugar. No tiene importancia. ¿En qué estábamos?

Y el psiquiatra continuó la amena charla de aquella noche.

Mientras, al norte del país, a más de 1000 kms de distancia, la que había sido como su madre adoptiva estaba grave. El doctor había perdido a sus padres cuando era un niño y una tía suya le había recogido, cuidado y criado, sacándolo adelante con mucho amor. Él le decía a ella con mucho cariño y gratitud: «Tiíta».

Los parientes del doctor habían tratado de comunicarse con él, pero era la época en la que no habían teléfonos móviles y le habían perdido la pista. Recientemente, el doctor había cambiado sus teléfonos de contacto y su secretaria se había olvidado de contactar con los parientes, avisándoles. Por tanto la familia no tenía como informarle de la gravedad de su madre adoptiva. Él trabajaba en la capital y su exitosa carrera hacía que su agenda estuviera permanentemente llena, con multitud de viajes internacionales a congresos, conferencias y certámenes varios, que lo mantenían alejado de sus parientes.

Aquella misma noche en la que el psiquiatra se encontraba en la recepción de la embajada y en el mismo instante en que se quedó mirando al vacío, tocaron la puerta de la casa de la «Tiíta» donde estaban reunidos todos los familiares alrededor de la veterana que se mantenía grave. Ella permanecía inconsciente. Ya los médicos habían recomendado que la llevasen a su casa porque se esperaba su deceso de un momento a otro.

De pronto llamaron a la puerta. Al abrir, apareció el doctor Teme, vestido exactamente como estaba en la recepción de la embajada. Los parientes no podían creer que estuviese allí.

–Te hemos estado tratando de localizar pero no teníamos tu nuevo teléfono, y no nos daban otro en la compañía telefónica.

–Sí, lo siento. He tenido problemas con el nuevo número y no he tenido tiempo de avisarles. ¿Cómo está la «Tiíta»?

–¡Está grave! Los médicos la han desahuciado y se encuentra inconsciente.

»¿Cómo te has enterado? ¿Cuándo has venido?

–Acabo de llegar y me enteré... Sí, escuché que ella me llamaba.

–Pero, ¿cómo?...

–¡Vamos a verla!

El psiquiatra se dirigió directamente a la habitación donde estaba la anciana que respiraba dificultosamente. Estaba llena de sondas y equipos médicos instalados en su frágil cuerpo deteriorado por la edad y la enfermedad.

Él saludó al pasar a los familiares y se acercó a la mujer dándole un beso en la frente y susurrándole al oído:

–¡Ya llegué Tiíta! Escuché tu llamada y aquí estoy. No te mueras aún.

El doctor se sentó al lado de la cama en una silla tomándole la mano a la viejecita mientras le hacía cariños. Contra todo pronóstico, ella reaccionó, abrió los ojos, y con palabras entrecortadas, le dijo:

–¡Te estaba llamando hijo! No quería irme sin despedirme de ti. Fuiste siempre un buen hijo...

–Todavía no te vas a morir Tiíta. Todavía tenemos que hacer algunas cositas juntos. La vida no nos unió para que acabe esta relación bruscamente.

–No, tú siempre serás mi muy amado hijito. Ya me he dado cuenta de que no fui yo quien te recogí, sino que tú viniste a mí. Tú has sido el premio de mi vida y estoy muy agradecida por ello.

–Aay Tiíta tu siempre echándole flores a la gente. Te vas a poner bien, ya verás... Aún estarás un tiempo con nosotros.

La visita de doctor duró una hora durante la cual interactuó con la anciana y con todos los parientes. Al despedirse le abrazaron y estrecharon fuertemente su mano, agradeciéndole su presencia. Él aprovechó para pedirles que anotaran su nuevo número de teléfono. Tras la despedida se dirigió hacia la puerta y, nada más cruzar el umbral, desapareció. Los familiares no podían creer que se hubiese esfumado delante de sus ojos.

Días después el doctor recibió la llamada de sus parientes agradeciéndole su visita. La Tiíta no sólo había recuperado la conciencia con su presencia, sino que estaba más animada y hasta estaba tolerando alimentos sólidos.

–¡Pero, si yo no he estado allá con vosotros! Ni siquiera sabía que la Tiíta estuviese grave.

–Qué bromista eres... Claro que estuviste con nosotros el jueves sobre las 20.00 h y te quedaste una hora. Y tú mismo nos diste el teléfono en el que localizarte en Lima. Vamos, ¿qué te pasa? ¿Tienes problemas de memoria?

–¿Decís que estuve el jueves a las 20.00 h en la casa de la

Tiíta a mil kilómetros al norte de Lima? ¡No puede ser!... Yo ese día y a esa hora estaba en una recepción en una embajada en San Isidro en Lima. Y no me moví de allí.

–¡Jajá...! Vemos que estás con ganas de seguir bromeando y hacerte el interesante. Hasta te ofrecimos algo de beber y pediste agua, aunque no te la bebiste.

»Bueno, la Tiíta está mejor y todos te esperamos pronto para que le vuelvas a dar una inyección de ánimo.

»Adiós.

El psiquiatra colgó el teléfono quedándose dubitativo e intrigado por el suceso que decían que él había protagonizado. Y recordó entonces que a esa hora fue cuando se quedó como abstraído en sí mismo, con la copa en la mano mientras conversaba con los invitados de la embajada. ¡Pero sólo habían sido unos segundos! Una ínfima fracción de tiempo, comparada con la hora que afirmaban los familiares que él había estado interactuando con ellos a mil kilómetros de distancia.

Había estado, sin proponérselo, atendiendo a la llamada de su madre adoptiva en esa otra realidad.

Algunas reflexiones:

- ✶ Hemos dicho que el ser humano tiene potencialidades sin límite; entre ellos está la bilocación o el don de ubicuidad, que es la capacidad de estar en más de un sitio a la vez, creando un doble mental capaz de ocupar un lugar y de interactuar con los demás realizando labores determinadas sin que haya una correspondencia de tiempo y espacio entre ellas.

- ✶ Son famosos los casos de Fray Martín de Porres en Lima y de Teresa de Ávila en España en el siglo XVI, ambos con proyecciones en lugares muy distantes los unos de los otros, siendo observados simultáneamente en varios lugares a la vez, mientras ellos no salieron jamás de sus conventos.

- ✶ Mucha gente ha tenido esta clase de experiencias que son explicadas como casos de personas parecidas y confundidas entre ellas; o como alguien que, pensando mucho en ti, creyó verte. Pero hay casos, como el de la visita del psiquiatra, en los que no hay posibilidad de confusión pues hubo una interacción directa con muchos testigos.

- ✶ Lo que podemos concluir es que, en muchos de estos casos, lo que detona el potencial paranormal del ser humano es el amor y los profundos lazos que nos unen.

Las gemelas

Hay personas unidas más allá del tiempo y el espacio.
Almas vinculadas por afinidad y lazos espirituales,
que se mantienen estrechamente
conectadas de una vida a otra.

Era una tarde fresca y ventosa de otoño en la ciudad de Valencia. María del Pilar, mujer de mediana edad y ama de casa, había estado atareada durante todo el día cuando abrió las ventanas del piso que habitaba que se habían entrecerrado por la acción del viento, y al abrirlas observó flotando en el aire dos seres como querubines. Se frotó los ojos para verificar si semejante visión celestial era real. Poco a pocos las imágenes se fueron desvaneciendo entre las nubes, y entonces sintió y supo en lo más profundo de su ser que llegarían a su hogar dos niños hermanos de sangre.

En los días en que María del Pilar tuvo su visión, su hermana menor Yolanda se casaba después de 18 años de convivencia con su pareja. Se habían demorado mucho en formalizar su relación, pero igualmente tomaron la decisión de hacerlo y la materializaron en una bella ceremonia en un antiguo monasterio en las montañas.

Cuando semanas después la pareja fue al ginecólogo con la intención de prepararse y encargar un bebé, se encontraron con que la potencia sexual del marido era débil. Aquel hombre era militar y tenía el esperma debilitado por el estrés, de tal manera que los espermatozoides salían sin cabeza. Aún así trataron de conseguir un bebé mediante fecundación *in vitro*. Y cuando parecían cerrarse todas las posibilidades y que la vida les negaba la maternidad, Yolanda resultó embarazada. Así llegó una bella y robusta niña.

Daniela era el nombre que habían escogido desde siempre y fue el que le dieron a su esperado retoño.

Coincidiendo en el tiempo, en otra parte de la ciudad, Andrea, la hija de María del Pilar, tomaba anticonceptivos para evitar resultar embarazada, más aún porque su novio, Cristian, acababa de quedarse sin trabajo al haber sido despedido por un recorte de presupuesto de la empresa en la que llevaba poco tiempo trabajando.

Las tensiones y las presiones económicas derivaron en unos fuertes dolores de cabeza que empezó a sufrir Andrea. Tuvo que ir al médico y allí se enteró de que se había quedado embarazada a pesar de los anticonceptivos. Al bajarle las defensas la vida se había abierto paso.

Al saber todo esto, la joven pareja quiso evitar el embarazo pero María del Pilar se ofreció a correr con los gastos del bebé y a apoyarles con su manutención, lo que terminó por llevarles a aceptar.

A los ocho meses Andrea sintió contracciones y como que se orinaba, por lo que se fueron a ver con urgencia a la comadrona. En pocas horas nació un saludable bebé de 3 kilos. Ella había querido un varón al igual que Cristian, pero terminó llegando una niña que fue igualmente bien recibida. De camino a casa, a Cristian le vino a la mente el nombre de Alexia.

Ambas bebés nacieron con diez días de diferencia. La nieta iba a nacer la segunda, pero terminó siendo la primera antes que la sobrina y tía.

A pesar de haber nacido con diez días de diferencia, en la actualidad uno las ve juntas y parecen gemelas por el parecido tan extraordinario entre ambas y la comunión y empatía que existe entre ellas que es algo que admira a todo el mundo.

María del Pilar entendió claramente que aquellos dos nacimientos eran la materialización de aquella visión en el cielo de los querubines.

Algunas reflexiones:

* La vida se abre paso cuando el destino así lo ha dispuesto. Hay leyes universales que todo lo controlan y regulan, aunque siempre hay espacio para los cambios y las modificaciones.

* El ser humano tiene grandes capacidades sólo que vivimos ignorantes de esa potencialidad, ya sea porque alguien se ha encargado de mantenernos ignorantes o porque en nuestro proceso de madurez espiritual y de conciencia, no está previsto aún que podamos ver con la mente y sentir en profundidad con el corazón.

* Entre los potenciales del ser humano están el don de la premonición y la precognición, que consiste en la visión y el conocimiento previo de los sucesos, ya sean éstos desgracias o acontecimientos importantes o triviales. Muchas de estas visiones del futuro las captamos en sueños, pero cuando despertamos solemos olvidarlas hasta que ocurren. Entonces sentimos internamente, con una seguridad inexplicable, que ya las conocíamos. También podemos tener estas visiones o captaciones de forma consciente, y algunas pueden ser imágenes muy claras de acontecimientos muy definidos, o venir como imágenes simbólicas que debemos interpretar o dejar que con el tiempo se aclaren y se interpreten a través de los sucesos mismos.

* Las visiones del futuro pueden girar en torno a situaciones y sucesos de nuestra vida a corto, medio o largo plazo, o en relación a dramáticos e importantes sucesos mundiales. Recientemente fuimos testigos del caso de cantidad de gente que soñó, captó o sintió el ataque de las to-

rres gemelas y el secuestro de los aviones por parte de los terroristas con mucha anticipación.

* El propósito de muchas de las visiones del futuro es «advertir para corregir» o estar preparados para cuando aquello ocurra; o saber que nuestra vida está siguiendo un derrotero que ya estaba prefijado, en el que las visiones del futuro actúan como carteles en la carretera de la vida, indicándonos que estamos bien encaminados y que cada vez estamos más cerca de llegar a tal o cual destino.

Mi hijo en un ovni

La tercera parte de nuestra vida
nos la pasamos en el astral.
Generalmente, al despertar,
olvidamos nuestros sueños.
Pero algunos de ellos son vivencias reales
y experiencias cargadas de enseñanzas,
por muy extraños que parezcan.

Jesús era un activo hombre de negocios, de mediana altura y buen ver. Él y su mujer Aurora, que estaba embarazada, tenían una casa en las afueras de la ciudad, en una zona de campo en Galicia. Era de noche y habían aprovechado para ir al cine y relajarse. Cuando regresaron de la función, después de un breve refrigerio, se acostaron.

Tratando de dormir, Jesús escuchó en su mente que alguien le hablaba y le decía:

–¡Allá voy!

Al rato su mujer rompió aguas y tuvieron que salir inmediatamente hacia la clínica, donde nació su hijo Abel. Al parecer éste le había hablado desde otro plano anunciándole su llegada.

Durante el periodo de gestación, Jesús había querido que su mujer abortara porque no se sentía preparado para ser padre, y hasta habían consultado con una vidente. La mujer les dijo lo siguiente:

–Hay aquí tres parejas que quieren abortar a sus bebés, pero el cielo aconseja que no lo hagan... Estos niños vienen con una importante misión, y uno de ellos es el vuestro.

Decidieron entonces seguir adelante con la gestación, de tal manera que el niño nació. Con el paso de los años le contaron la historia a su hijo, pudiendo perdonarse mutuamente.

Años más tarde, Jesús cogió un taxi en Madrid que le trasladó al otro lado de la ciudad, donde le esperaban para cerrar un negocio. Nada más bajarse, levantó de manera refleja la vista al cielo y pudo contemplar a plena luz del día la presencia de un extraño objeto luminoso que por momentos parecía un disco plateado. Realmente estaba allí, suspendido en el aire sin movimiento ni ruido alguno.

Tratando de entender lo que veía se puso a pensar en todas las posibilidades, y en medio de sus pensamientos de incredulidad y sorpresa, asomó a su mente la imagen de un rostro de marcados ojos oblicuos que le miraba. Sintió inmediatamente que ese rostro le quería trasmitir un mensaje, pero bajó la cabeza y se alejó rápidamentede del lugar.

Por aquel entonces Jesús era alcohólico y fumaba hasta cuatro paquetes de tabaco al día; además salía con muchas mujeres y estaba separándose de su mujer. Lo que había observado en el cielo así como la visión que había tenido de la mirada de ese ser le martillaban la mente, generando en él un cambio radical que le llevó a dejar su vida anterior y buscar respuestas. Con el paso de los años, llegó a ser un exitoso y muy popular maestro de yoga, seguidor a su vez de un conocido *suami* de la India.

Se mantuvo dando cursos de yoga durante varios años, dirigiendo a cientos de alumnos bajo la dirección y supervisión de su propio maestro. Pero durante una época se sentía estancado y hasta vacío. Le molestaba no poder ser alguien más cercano a su maestro, el cual tenía muchos discípulos y a Jesús siempre le trataba con indiferencia y a veces oscamente.

En una conferencia que dio el *suami* y a la que Jesús asistió como organizador, el maestro estuvo hablando de muchos temas. De pronto, y sin mediar razón alguna, se giró hacia Jesús mirándole a los ojos con ternura y bondad, hablándole sin que él le preguntara, como si no hubiese nadie más allí, a pesar de la inmensa muchedumbre allí reunida.

El maestro dijo:

–Aprende de la vida querido discípulo. Todo va y viene; sólo podrás hacer cosas nuevas si te vacías para empezar a llenarte.

»Yo he sido un mal maestro de yoga en vidas anteriores, por lo que en ésta estoy tratando de redimirme. Y a quien más amo, y de quien más espero, más exigiré y con él seré más severo.

»Perdóname...

Escuchar esas palabras de su maestro fue un bálsamo para Jesús que salió de allí fortalecido y motivado para ser más y dar más.

Poco tiempo después, el *suami* se le apareció en sueños y le abrazó y besó diciéndole que estaba realmente orgulloso de él. A la mañana siguiente el hombre se despertó muy contento recordando el sueño. Al rato se enteró de que el maestro había fallecido tres días atrás en la India.

A partir de entonces empezó a reeditarse tratando de innovar, mejorar y variar la enseñanza y su estilo de impartirla, lo cual atrajo mayor cantidad de alumnos a su centro.

Estando en La Coruña, al borde de las bellísimas rías gallegas, Jesús se despertó después de un profundo y largo sueño nocturno. Durante el mismo, extrañamente se había visto en el interior de un ovni con mucha gente, entre ellos su mujer Aurora y su hijo Abel de siete años.

En un momento de la experiencia onírica, observó la presencia de unos seres altos de apariencia humana, con trajes brillantes y cabeza cubierta por el mismo traje, que le mostraban unas imágenes en una pantalla. Pero el recuerdo de las imágenes se iba diluyendo a medida que se acercaba el momento de despertar. Lo último que recordó fue que le dijeron que volvería a estar con ellos y que en esa ocasión su hijo Abel se iba a quedar un poco más de tiempo allí.

Jesús, en el sueño, le dijo a su hijo:

–Nos veremos después en casa.

Cuando se despertó bruscamente, hizo un gran esfuerzo

para recordar el sueño. Eran las 7.00 h y, al despertarse, Aurora, que dormía a su lado, se desveló también y le tomó de la mano diciéndole:

–No te imaginas... Anoche soñé que estábamos con Abel en un ovni; fue una pasada.

–¡Pues yo también lo recuerdo! Increíblemente hemos compartido el mismo sueño Aurora.

El niño, contra lo habitual, se despertó sobre las 11.00 h, y al preguntarle sus padres qué había soñado aquella noche, contó que había soñado que estaba en una nave espacial con ellos, y que le habían dejado allí.

Jesús le preguntó a su hijo:

–¿Cómo te trataron en el ovni? ¿Tuviste miedo?

–Me trataron bien –respondió el hijo–. Pero no me acuerdo de más. Allí había, conmigo, muchos otros niños. Y a todos nos decían cosas, como si estuviesen interesados en que no olvidáramos a qué habíamos venido a esta vida.

Lo que le contó Abel le hizo recordar las palabras de la vidente varios años atrás, que le enfatizaba la misión con la que nacería su hijo.

Algunas reflexiones:

- ✶ Desde hace décadas vienen naciendo en nuestro mundo niños y niñas con almas estelares, que cual sabios maestros y guías, retan, aconsejan y enfrentan con sabiduría y argumentos a sus padres, tutores y maestros, y que con incomprensible precocidad y madurez se comportan como ancianos en cuerpos de niños.

- ✶ Estas almas sabias y maduras velan por las noches mirando al cielo y derramando más de una lágrima, recordando una familia sideral que dejaron en su hogar en las estrellas. Qué difícil se les hace a veces tener que aprender lo ya aprendido cuando sienten en su interior la premura del tiempo del cambio que ha llegado.

- ✶ Estos niños y niñas son llamados «indigo» y «cristal» pues su aura posee el azul de la espiritualidad y la realización, o el blanco de la pureza y la bondad o el rosa del amor incondicional. Ellos no vienen a aprender, sino a enseñar a la Humanidad la esperanza de un tiempo nuevo.

Mundo taurino

Llegará un día en que
la muerte de un ser humano
tan penada por la ley
será como la de un animal
LEONARDO DA VINCI

Hacía ya un año que Javier había fallecido. Cuando murió tenía tan sólo 48 años. Era un hombre de mediana estatura y mirada amigable, muy simpático y jovial. Había sido dueño de un importante restaurante en Castellón y un gran aficionado al mundo de los toros, pues manejaba muchos negocios de ganadería, organización de corridas de toros y hasta contratos con toreros.

Javier padecía de un cáncer de riñón, pero falleció de una ruptura de esófago que, extrañamente, era algo de lo que no padecía. A su muerte, su mujer Lourdes, una atractiva mujer delgada de pelo corto y mirada profunda, se había planteado seriamente cerrar el negocio del restaurante por el excesivo trabajo que demandaba.

Ambos tenían en común la amistad de María Isabel, residente de un pueblo cercano, una mujer risueña y sabia, que siempre les había ayudado con todo lo que ellos necesitasen. Ella le había comentado reiteradamente a Lourdes su incomodidad por el tema de los toros en el que estaba involucrado hasta las cejas el marido de su amiga. Había tratado de hablar varias veces del asunto con Javier, pero éste cambiaba de tema o la enredaba con bromas sin sentido.

Entre las cosas que María Isabel le decía a Lourdes y que ella sí escuchaba estaban las siguientes:

–Javier es una buena persona, pero si no estuviese en el asunto de los toros sería mejor todavía, porque está de por medio el sufrimiento injusto e innecesario de los animales.

»Si sólo fuese torearlos sin que hubiese sangre de un lado y del otro, sería un tributo al arte de los antiguos pueblos mediterráneos. Pero así como se realiza, es algo sádico y grotesco.

Lourdes coincidía en el sentir de su amiga, pero sabía que el mundo taurino era la pasión de su marido.

La noche de la muerte de Javier, María Isabel soñó que su amigo y su mujer la iban a ver, y que él le pedía que, en la cocina del restaurante de su propiedad, ella le preparara una paella.

María Isabel es una reconocida cocinera y sus platos eran muy celebrados por todos. Pero en el sueño, María Isabel, muy lúcida, le dijo:

–¿Cómo te voy a preparar una paella si tú ya has fallecido?

–¡No importa, tú prepárala! –respondió él.

Al despertar, María Isabel entendió que lo que Javier le estaba pidiendo simbólicamente era que influyera sobre su mujer Lourdes, para que tras su muerte no cerrara el restaurante. Así se lo hizo saber a su amiga.

El mensaje conmovió a la mujer quien decidió, a pesar de todo lo que había en contra, mantener el restaurante que en la actualidad es muy frecuentado y reconocido por su excelencia y gastronomía.

Tiempo después Lourdes y María Isabel estaban de paseo por la montaña junto con sus amigos, cuando la amiga llegó a ver sorpresivamente a Javier en una clarísima visión enfrente suyo y hasta escuchó su voz en su mente que le decía:

–Gracias por tu ayuda... ¡Y también pido perdón a los toros!

Algunas reflexiones:

* El arroz es señal y símbolo de abundancia y prosperidad en el Oriente.

* Son muchos los casos en los que, cuando una persona fallece, se queda con la necesidad de comunicar algunos mensajes a sus deudos, por lo que busca trasmitírselos ya sea directamente a través de los sueños, o a través de terceras personas, mediante sueños y apariciones pues muchas veces los parientes directos suelen bloquearse por el dolor y la pena y no escuchan los mensajes.

* Los límites entre las dimensiones son relativos; es cierto que hay guardianes entre ellas, pero los seres humanos podemos traspasar esas fronteras de forma inocente o inconveniente, generando problemas que pueden atraer bajos astrales, como suele ocurrir con el mal llamado «juego de la Ouija».

* Lo que muchas veces está permitido es que quienes han fallecido busquen comunicarse con los que se mantienen vivos, pero no que nosotros tomemos la iniciativa e intentemos la comunicación con los desencarnados, porque ello supone abrir una puerta hacia una dimensión que fácilmente se abre y difícilmente se puede cerrar, y que frecuentemente genera presencias y acechanzas problemáticas.

Que no se ahogue mi hijo

¿Se puede recibir un mensaje
antes de haberlo enviado?
Una premonición es la capacidad
de escuchar avisos del futuro,
advertencias que, como ayudas,
nos dan la oportunidad
de cambiar un destino aciago

Patricia estaba profundamente dormida cuando en su sueño vio y escuchó claramente cómo su hijo Leonardo se caía al agua y era arrastrado por la corriente de un río caudaloso y turbio. En su sueño era de noche y el joven de dieciocho años, alto y espigado, se veía que había salido de su tienda de campaña en medio de un campamento de amigos y que había bebido mucho, por lo que estaba mareado.

La madre se despertó angustiadísima y trató de comunicarse con él, pero al parecer su hijo tenía el teléfono móvil apagado o sin cobertura.

Ella no sabía que él se había marchado de campamento con unos amigos, sólo sabía que se había ido como parte de una investigación de una asignatura de la escuela a pasar unos días a la ciudad de Tumbes, localidad fronteriza con Ecuador.

Terminada su investigación, el joven había decidido tomarse un descanso yéndose de campamento con sus compañeros lejos de la ciudad. Habían hecho el campamento en el departamento de Tumbes en la orilla del río del mismo nombre. La madre se encontraba en la ciudad de Piura a casi 300 kms de distancia, también al norte de Perú.

Al no poderse comunicar con él, Patricia no sabía qué hacer ni a quién acudir. Además, ¿cómo localizar dónde estaba? Y si se dirigía a la policía, ¿qué les diría? ¿que tuvo un sueño en el que su hijo se ahogaba? ¿Cómo le iba a creer la policía? No le harían caso.

Trató infructuosamente durante varias horas de hablar con la escuela, hasta se fue para allá. Pero como era día festivo no había nadie que la atendiera. Entonces buscó el teléfono de los amigos de su hijo. Pero igualmente o no se pudo comunicar con ellos o le contestaron de mala manera o con indiferencia. Cuando parecía que todas las posibilidades se cerraban, le cogió el teléfono el hermano de uno de los compañeros que acompañaron a Leonardo a Tumbes:

–Hola, soy la madre de Leonardo. ¿Eres Rafael, el amigo de mi hijo de la escuela?

–¡No señora! Soy Andrés, su hermano menor.

–Disculpa que os llame pero, ¿sabes si tu hermano Rafael acompañó a Leonardo a Tumbes para un trabajo de la escuela?

–Creo que sí señora, pero déjeme consultar a mi madre.

–Hola Patricia, soy Carolina, la madre de Rafael y Andresito. ¿En qué puedo ayudarte?

–Carolina, mucho gusto. Disculpa que os moleste un día festivo y de descanso, pero necesito saber si tu hijo acompañó al mío a Tumbes para un trabajo de la escuela.

–Sí Patricia, así es. Fueron como seis chicos de su clase juntos y uno de ellos era mi hijo Rafael.

–Pues gracias por decírmelo Carolina. ¿Y sabes si salieron de la ciudad de campamento?

–Sí porque Rafael se llevó sus cosas de acampada, una tienda de campaña y su saco de dormir. Al parecer, después de hacer lo que tenían que hacer en la ciudad, tenían planes de salir de campamento. ¿Por qué?

–Es que estoy tratando de comunicarme urgentemente con mi hijo y parece que se ha dejado el móvil apagado o está fuera de cobertura.

–Pues te doy el número que tiene mi hijo. Él me llamó ayer por la tarde y la llamada entró bien, se escuchaba claro. Con este número es más fácil que los localices

–Muchas gracias Carolina, Dios te lo pague.

Ya habían pasado como siete horas desde que Patricia se había despertado de su sueño y había movido cielo y tierra para averiguar dónde estaba su hijo, localizarle y advertirle del peligro.

Llamó al teléfono que le había facilitado la madre del compañero de clase de su hijo, y de pronto Rafael contestó.

–¿Diga?

–Rafael, ¿eres tú?

–¿Sí? ¿Con quién hablo?

–Soy Patricia, la madre de tu amigo Leonardo.

–Ah ya, buenas señora. ¿Cómo está usted?

–Bien gracias. ¿Estás ahí con mi hijo?¿Me lo puedes pasar al teléfono?

–No puedo señora porque él se ha quedado en el campamento con los otros amigos y yo me he venido a Tumbes a por provisiones. Al parecer nos quedamos cortos. Y realmente la señal del móvil allí casi no llega; mi radio teléfono es la voz.

»Si tiene un mensaje para él, yo se lo daré encantado más tarde cuando vuelva. Llegaré por allí como a las 18.00 o 19.00 h.

–¿Habéis estado bebiendo, Rafael?

–Para que le voy a engañar señora, si las madres siempre saben lo que hacemos. Sí, hemos estado bebiendo un poco. Empezamos ayer, pero sólo cerveza. Y por eso me vine a la ciudad para comprar entre otras cosas unas cuantas cervecitas más. Pero no se enoje ni se preocupe. A pesar de todo somos chicos sanos, no tomamos drogas ni tonterías de ésas.

–Rafael, necesito que me escuches bien por favor. Debes regresar cuanto antes al campamento.

–Sí señora, ahora más tarde vuelvo. Estoy esperando que me traigan todas las cosas que pedí aquí en el mercado, después le echo gasolina al coche y calculo que en unas horas estaré allí, porque es río arriba. Es muy bonito el sitio pero está alejado y el camino es malísimo.

–Rafael, mi hijo está en peligro. No sé si me creerás o no, pero tienes que confiar en mí. Leonardo se encuentra en peligro, he visto que se caía al río y se podía ahogar. Necesito que vuelvas inmediatamente y rápido.

–Uy eso es horrible. ¿Me dice que vio que se ahogaba? Qué increíble lo que ven las madres. O sea, ¿qué ha visto el futuro? Ja, ja, genial... Se lo contaré a la tribu, eso está grueso. Ahorita mismo apuro al de la tienda para que me den las cosas, le echo gasolina al coche y me voy para allá. Descuide usted. pero no puedo ir muy rápido porque yo ya estoy un poco bebido también.

–¡Por favor apúrate hijo porque es cosa de vida o muerte!

Por más que Rafael metió prisa al tendero, éste se demoró como una media hora más para atenderle por ser día festivo. Y cuando fue a la gasolinera estaban llenándola con el camión cisterna, por lo que tuvo que esperar como una hora para repostar. Con lo que tenía en el depósito no le daba para llegar. Como estaba un poco bebido, cabeceó un poco durmiéndose en el vehículo, pero cuando le tocó el turno de echar gasolina reaccionó y se espabiló. El sueñecito le había despejado un poco.

Partió de la ciudad como a las 16.00 h y trató de darse la mayor prisa posible. Tardó como unas dos horas y media en llegar porque la vía era estrecha y se había estropeado un camión cerrando el camino. Mientras, en el campamento ya estaba oscureciendo y Leonardo había estado vomitando mucho. En una de ésas el joven se apoyó en un tronco que estaba sobre una parte ligeramente elevada al borde del río, y la rama se quebró y el chico cayó al río golpeándose con la madera y quedando inconsciente mientras el agua se lo llevaba.

En ese momento llegó Rafael y, bajándose del auto a toda prisa, empezó a gritar preguntando por Leonardo. Salieron los demás compañeros de las tiendas.

–Oye, ¿por qué gritas? ¿No sabes que estamos con dolor de cabeza?

—¿Dónde está Leonardo?

—Pues hace un rato salió a vomitar a la orilla del río. Estaba muy descompuesto. No tiene cabeza para beber.

—¡Hay que buscarlo inmediatamente! Está en peligro y no es broma. ¡Al río, al río todos!...

Gracias a la oportuna intervención de Rafael pudieron localizar y rescatar a tiempo a Leonardo, quien en unos minutos más se hubiese ahogado indefectiblemente.

Algunas reflexiones:

- ✶ La intuición de una madre puede permitirle recibir un mensaje antes de que éste haya sido emitido. Una «premonición» es la capacidad de anticipar las desgracias antes de que ocurran para procurar evitarlas; es una de las manifestaciones del llamado «don de profecía».

- ✶ El futuro está compuesto por una serie de posibilidades que se vienen construyendo como ley de consecuencia. Existen pues varios futuros probables y nosotros los podemos materializar o variar a voluntad descubriendo nuestras potencialidades.

Rescatando al amigo

Una muerte violenta, un suicidio
o una penosa enfermedad
que termine sumiéndonos en la inconciencia,
podría hacernos vagar indefinidamente
en los planos astrales a la espera
de que alguien nos rescate orientándonos

Pablo es un empresario de 40 años de Ecuador, dueño de una importante fábrica de cosméticos naturales. Alto, ligeramente grueso y canoso, es alegre y emprendedor, una persona que siempre trata de verle el lado positivo a las cosas.

Se encontraba conduciendo su automóvil por las calles de Quito, a varios miles de metros sobre el nivel del mar, bajo un hermoso cielo azul de un día muy luminoso, cuando de pronto se encontró por la calle a Cristian, un antiguo compañero de la escuela al que no veía desde la secundaria. En su niñez habían vivido a una manzana de distancia el uno del otro, llegando a ser muy amigos. Lo reconoció rápidamente; inexplicablemente tenía el mismo aspecto que en la escuela.

Su amigo parecía desorientado; andaba con la camisa en parte salida del pantalón, algo rasgada y hasta con manchas de sangre.

Pablo se le acercó, y bajando la ventanilla, le preguntó:

–¡Cristian!... ¿eres tú hermano?

–¡Pablo, qué alegría verte!

En ese momento, el que conducía se acercó y le dio la mano al peatón por la ventanilla.

–¿Qué te ha pasado? –preguntó Pablo preocupado.

–Me han robado... ¿Podrías llevarme a casa de mi hermana?

–¡Claro que sí! Ven, sube al coche.

Pablo le abrió la puerta y Cristian subió acomodándose en el asiento del copiloto. Se le veía como perdido y angustiado, algo lógico si había sido asaltado y le habían robado la cartera con sus papeles.

Estuvieron durante más de quince minutos transitando dirigiéndose a la dirección que Cristian le dio a Pablo. Mientras, iban conversando recordando los tiempos de escuela. Cristian repitió varias veces que le habían golpeado y le habían quitado la cartera. Pablo le preguntó si había algo más en lo que le pudiera ayudar. Él le contestó:

–¡No sabía dónde estaba! Felizmente apareciste tú. Me has ayudado a situarme.

–Es natural, Cristian, que uno se encuentre así después de que le haya pasado algo tan violento. Uno se queda confundido sin saber qué hacer y cómo reaccionar.

–Y que lo digas. Me costaba reconocerlo todo...

De pronto llegaron a la dirección y Cristian se bajó del coche, estrechando fuertemente la mano de su amigo y agradeciéndole el rescate. Se dirigió inmediatamente hacia una reja, la abrió y saludó desde detrás de ella dándose la vuelta y desapareciendo allí mismo.

Pablo se alejó contento de haber podido ayudar a su amigo.

Seis meses después Pablo se encontró en un centro comercial con quien había sido la madrastra de Cristian, y ella, que le conocía bien desde niño, le invitó por la tarde a su casa. Pablo aceptó gustosamente. Ya en la casa, él le preguntó por Cristian:

–Doña Gloria, ¿cómo está Cristian?

–¿Cristian?... Falleció hace siete años de un cáncer muy agresivo en Alemania.

–¡No puede ser! ¡Está bromeando! Si yo hace seis meses

me lo encontré en la calle y él me reconoció.

»Le habían asaltado y estaba confundido y sin saber adónde ir.

–A ver, a ver Pablo. ¿Qué dices? Tú sí debes estar confundido… Mira estas fotos. ¿Lo reconoces? Éste era Cristian. ¿A él fue a quien viste?

–¡Sí, claro! Lo recuerdo bien de la escuela. De hecho me sorprendió que no hubiese cambiado nada desde secundaria.

–Pues te diré que Cristian sufrió un terrible accidente que le desfiguró el rostro y tuvo que hacerse varias operaciones de reconstrucción de cara. Después de eso viajó a Alemania para estudiar y allí murió de cáncer. Pero de eso hace siete años.

»¿Cómo puede ser que le hayas visto hace sólo seis meses? ¿No te habrás confundido con alguien parecido?

–¡No doña Gloria! Sé que era él. Ambos nos reconocimos.

–¡Pero eso es imposible hijo! ¡Te lo debes haber imaginado!

–¡No, en serio doña Gloria, fue real!… Además, me pidió que le llevara a la dirección de su hermana en la calle de Las Flores.

–Ciertamente ella vive allí, pero él nunca llegó a conocer la dirección de la casa de su hermana.

Tanto Pablo como doña Gloria se quedaron sorprendidos por el hecho de haber establecido un contacto tan claro y real con alguien fallecido. Había sido algo real pero, igualmente, difícil de creer.

Algunas reflexiones:

- ✶ Normalmente, cuando una persona muere, al cabo de tres días se desprende de sus vehículos más densos, liberándose de los apegos y caminando en dirección hacia el túnel de luz que le llevará a planos más elevados, donde uno es preparado para volver en una existencia siguiente.

- ✶ Una muerte violenta o una penosa enfermedad que en su última etapa nos sumerja en la inconsciencia, puede hacer que fallezcamos confundidos y desorientados, en una suerte de estancamiento que requerirá que alguien, un familiar o un amigo, nos ayude a situarnos y a entender nuestra situación para poder superarla.

- ✶ En esa otra realidad el tiempo no pasa como aquí; un día puede ser como cien años y cien años como un día...

El tren de cercanías

Una estación de tren es un lugar
de salida y de llegada, de alegrías y tristezas,
de esperanza y de encuentros

Maribel es una mujer guapa, sabia e inquieta, residente de un pintoresco y cálido pueblo cercano a Castellón. La zona está rodeada de colinas no muy altas y alrededor del pueblo abundan los campos de almendros y olivos.

De estatura pequeña y complexión menuda, Maribel, enfermera de profesión, se encuentra en la actualidad recientemente jubilada. Una noche tuvo un sueño en el cual su madre estaba en la estación del tren lista para partir con su equipaje. Hacía un año y poco que había fallecido. En el sueño Maribel observó que su madre estaba a punto de tomar el tren de cercanías, pero la enfermera consideró que no era el adecuado para ella; que la madre, por estar fallecida, más bien debía tomar el de larga distancia, por lo que la tomó de la mano y le ayudó con su equipaje para llevársela a toda prisa al otro lado de la estación porque el tren de larga distancia estaba a punto de partir. Después de dejarla allí se dirigió rápidamente a sacar el billete a la oficina. El señor que estaba de encargado le dijo a la persona que vendía los pasajes:

–¡Dale a esta señora el mejor billete!

Sorprendida por semejante consideración, Maribel volvió adonde estaba su madre y le entregó el billete y, haciéndola subir al vagón correspondiente, se despidió de ella.

Al momento de despertarse, Maribel escuchó una voz muy clara y potente que le decía:

–¡Tu hija Anaí está embarazada!

Esto fue al amanecer de un sábado. Horas más tarde, durante el desayuno, Anaí, que estaba en la casa pasando el fin de semana, le comunicó a su madre que estaba embarazada. Maribel se alegró mucho mientras recordaba la voz que había escuchado.

Por la noche, antes de regresar a su casa en Castellón, Anaí le confesó a su madre que al parecer estaba equivocada porque había tenido una pequeña hemorragia. Ambas se consolaron diciendo:

–¡Ya habrá otra oportunidad!...

Al día siguiente, Maribel se desplazó por razones de trabajo a Castellón y allí se encontró con sus dos hijas, Anaí e Isabel, en la puerta de la clínica ginecológica. Anaí venía de una cita con su ginecóloga y aprovechó para comentarle a su madre lo siguiente:

–¡Mamá!... ¡Sí estoy embarazada!... Lo que ocurre es que hay una amenaza de aborto y debo hacer un poco de reposo.

Maribel insistió en llevársela a casa para cuidar de ella y que hiciera reposo absoluto. De ese embarazo nació Andrea. Maribel siempre supo, por el sueño que había tenido y por la voz que había escuchado, que su nieta era su madre Isabel que había vuelto. Ciertamente ella intuyó que la estación era el lugar de partida hacia otros planos o de regreso a esta vida, y que el tren de cercanías significaba el peligro de que no naciese; por eso tenía que llevarla directamente al de larga distancia. La voz le había confirmado lo que ella había sentido.

Isabel, la madre de Maribel y abuela de Anaí, era una gran lectora. Leía cuanto caía en sus manos. Una de las características de la pequeña Andrea –que en la actualidad tiene once años– es la pasión por la lectura.

Maribel volvió a soñar con el tren de cercanías. En esos días, su perrita Dafne, de raza mastín leonés, estaba a punto de dar a luz cachorros. Entonces Maribel soñó que ella estaba dentro del tren de cercanías y que Dafne había tenido dos cachorros blancos y el maquinista del tren se los quería llevar, por lo que ella entabló una disputa con él, aunque al final el maquinista llegó a arrebatarle uno.

En los siguientes días Dafne parió un cachorro blanco que a las pocas horas murió. Cuando habían pasado cinco o seis horas largas del parto, nuevamente asomó la bolsa de la placenta con otro cachorro dentro. La perra se las ingenió para abrir la placenta y Maribel vio que era otro cachorro blanco, al que llamaron en casa «Blas», y que en la actualidad posee una gran salud y tamaño. Sin embargo, dos meses después de haber nacido estuvo muy grave, aunque, afortunadamente, con al amor y los cuidados de Maribel y de toda la familia, al final creció sano y fuerte.

Algunas reflexiones:

* Antes de nacer negociamos con quién nos vamos a relacionar.

* Cuando las relaciones entre las personas son muy fuertes y profundas, se mantienen los lazos de una vida a otra, por lo que las personas suelen reencarnarse dentro del seno familiar. Los roles cambian pero la interacción continúa. En esta historia la bisabuela pasaba a ser la bisnieta; a la vez la abuela era la hija de Anaí y ella se convertía así en la nieta de su hija. Realmente un lío de parentesco, pero un abanico de oportunidades para crecer y ayudarse.

Una sonrisa que salvó mi vida

Hay momentos en nuestra vida
en que ésta pende de un hilo,
de una decisión tomada en base
a sensaciones que son avisos
que vienen de nuestro ser interno
o de presencias de otras realidades

Inmaculada, una joven ciudadana española, había sido enviada por su empresa para hacer unos cursos de capacitación en la capital del Reino Unido. Su temor a los aviones le llevó a planificar el viaje en tren, pero los mandos de la empresa cambiaron en el último minuto de decisión y la enviaron a otro destino. Pues resulta que el día y a la hora en que ella debía viajar en tren, se produjo un terrible incendio en el túnel del Canal de la Mancha, de tal manera que si ella se hubiese montado en ese tren, habría perecido de una muerte terrible.

Curiosamente, después de todo esto nadie más de su empresa fue enviado a esos cursos en Gran Bretaña.

Tiempo después ella tomó el primer vagón de un tren en el metro para ir a las oficina de la Dirección de Tráfico en su ciudad. Debía arreglar unos asuntos con los documentos de su automóvil. Cuando estaba sentada mirando pasar una tras otra las estaciones y le faltaba tan sólo una para llegar a su destino, sintió una angustia incontenible. Era un retortijón en el vientre y una sensación de vacío, por lo que se incorporó desesperadamente para bajarse del vagón. Justo en ese momento sonaba la alarma de salida del tren y se cerraban las puertas. Inmaculada se giró y vio a través de la puerta al maquinista. Empezó a hacerle señas con las manos para que él le abriera las puertas mientras le dedicaba su mejor sonrisa. Y contra toda lógica y contraviniendo su habitual costumbre, el maquinista le sonrió y le abrió las puertas permitiéndole bajarse del tren.

Una vez en el andén, ella se preguntó por qué se había bajado del vagón si aún no había llegado a su destino. Subió las escaleras saliendo de los subterráneos y, en vez de dirigirse a la Dirección General de Tráfico –que era la siguiente estación, a pocas calles de allí–, se dirigió a una librería para ver libros para niños. Estando en la librería una vecina y amiga suya la reconoció y le preguntó:

–¡Inmaculada!... ¿Qué haces aquí?

Ella le contó lo que le había pasado en el tren. Entonces la vecina se ofreció a llevarla de regreso a casa, convenciéndola para que dejara los trámites para otro día. Ya en casa, Inmaculada recibió la llamada de su novio que era de origen argentino, que sabía que ese día ella estaría en Tráfico arreglando papeles, y le preguntó si estaba bien. Él había tenido un pálpito y justo después recibió un llamada de su prima que le preguntó angustiada:

–¿Te has enterado del terrible accidente que se ha producido en el metro?

–¡No!.. ¿Qué ha pasado?

La prima le contó al detalle los sucesos. Resultó que, 45 segundos después de que Inmaculada se bajara del primer vagón, se produjo un terrible accidente y el tren se estrelló en la siguiente estación, que es la que le correspondía a ella. Todos los que iban en ese primer vagón murieron violentamente, más de 50 personas. Y las oficinas de Tráfico en la superficie en medio del caos, se convirtieron en una suerte de hospital improvisado.

Aquel pálpito y aquella sonrisa le habían salvado la vida...

Algunas reflexiones:

* Todos los seres humanos estamos sujetos a un destino que se negocia antes de nacer.

* Un importante hombre de negocios decía: «Uno no consigue en la vida lo que se merece, sino lo que aprende a negociar». Y ciertamente todo es una negociación. A mayor nivel de evolución, mayor capacidad de negociación; a menor evolución tienes que aceptar lo que te imponen como aprendizaje.

* Se dice que nadie muere antes de tiempo y en muchos casos es así, pero no en todos. Uno puede modificar su destino a lo largo de la vida tomando decisiones correctas o incorrectas, así como cumpliendo al hacer lo pactado mejor de lo que se esperaba. Asumir la vida con conciencia y responsabilidad puede hacer que recibamos ayudas sobrehumanas.

* Los seres humanos tenemos percepciones extrasensoriales, una de las cuales es el «don de profecía», que es la capacidad de anticipar el futuro, ya sea inmediato o a largo plazo, anticipando desgracias o simplemente hechos que después corroboraremos.

* Algunas de las ayudas, mensajes o advertencias que recibimos como protección de otros planos y dimensiones, o hasta de nuestro propio ser interno o ser real, pueden venir como «premoniciones» o «precogniciones». Estos avisos pueden llegar a través de los sueños o como visiones y sensaciones corporales en nuestro que hacer diario, y debemos aprender a escucharlos.

Unas zapatillas peligrosas

A veces recibimos mensajes,
otras veces los sentimos,
algunas los intuimos;
pero no siempre podemos
anticiparlos y evitarlos

Carlos era enfermero de profesión; tenía 61 años, había sido deportista gran parte de su vida, y por ello tenía un cuerpo fuerte y vigoroso. Se encontraba en el cuarto de baño cuando escuchó claramente una voz que decía: «Traumatismo cráneo-encefálico». En ese momento sintió que debía llamar a su padre, Rafael, que a la sazón tenía de 92 años, aunque hasta entonces gozaba de una excelente salud, para preguntarle cómo se encontraba.

El padre le contó que se iba a veranear a Cullera, en la provincia de Valencia, y le invitó a pasar unos días con él pero Carlos tenía muchas cosas pendientes que hacer, por lo que se disculpó. Don Rafael llevaba puestas unas zapatillas de cuero llamadas «menorquinas» que no tienen protección o agarre posterior y Carlos –que conocía el gusto de su padre por esos zapatos–, intuyendo que las tenía puestas, le recomendó que se las cambiara y se comprara otros zapatos más seguros para que no se tropezara. Hasta le hizo prometerle que lo haría.

Carlos se quedó muy inquieto y, conociendo a su padre, llamó de inmediato a su hermana Isabel pidiéndole que insistiera para que se comprara unas zapatillas cerradas y seguras.

La noche siguiente, a Carlos se le apareció como un espectro que él relacionó con la muerte. Esta entidad fantasmal le tomó de la muñeca y, teniéndola tan cerca, él la miró fijamente viendo a un esqueleto cubierto por una capa de harapos. Se soltó de ella, y al ver que se movía con intención de retirarse, quiso cogerla pero ella se escabulló atravesando la pared.

A las 48 horas, don Rafael no había hecho caso para cambiarse las zapatillas y menos para comprarse unas nuevas. Iba caminando por una pasarela de madera entre la rambla y la playa cargando con su silla metálica portátil en una mano y en la otra con bolsa con toallas, cremas, gafas oscuras, etc. cuando de pronto su chancla se tropezó con las ranuras de las maderas de la pasarela, lo que le hizo caerse de bruces y pegarse un golpe terrible en el rostro y en el pecho con la pasarela, a la vez que se cortaba la pierna con el metal de la silla de playa. Inmediatamente fue ayudado por otros bañistas, pero él les dijo que se sentía bien y que les agradecía su amable ayuda. No dejó que lo atendieran, y él mismo se recompuso como pudo para volverse al undécimo piso del edificio donde vivía. Llegó allí por sus propios medios para curarse las heridas y los cortes producidos también por las gafas de sol que estallaron en su rostro.

Al rato llegó la Unidad de Vigilancia Intensiva en una ambulancia para hacerle una revisión, pero como vieron que él mismo se había curado las heridas y coordinaba bien, se confiaron y se fueron por donde habían venido, no sin antes celebrar la excelente vista que tenía el apartamento de playa.

A las pocas horas, don Rafael comenzó a sentirse mal por lo que la ambulancia tuvo que volver. Les dijo a los paramédicos que tenía mucho dolor de cabeza. Le tuvieron que llevar al hospital de Alcira de emergencia, pero llegó ya en estado de coma y esa misma noche falleció.

Carlos recordó que días antes su padre dijo que quería ir a Alcira, pues había nacido allí. Ahora resultaba que también había fallecido en ese lugar.

Algunas reflexiones:

- ✶ La telepatía es la trasmisión del pensamiento a distancia. Una fuente emisora, como una mente poderosa, es capaz de enviar pensamientos que son captados por el receptor. La mente los decodifica de acuerdo al bagaje cultural que uno posee, de tal manera que la persona los escucha en su mente como si le estuviesen hablando al oído.

- ✶ La fuente puede ser alguien con gran capacidad de concentración y emisión procedente de este mundo o de otros mundos, planos y dimensiones.

- ✶ A lo largo de nuestra vida, algunos de estos mensajes nos pueden estar llegando como avisos, señales y advertencias para protegernos y ayudarnos.

- ✶ Haciendo caso de estos avisos podemos anticipar hechos, no necesariamente para que los variemos, sino simplemente para que sepamos que nuestras vidas siguen derroteros y procesos que, en muchos casos, no dependen de nosotros.

- ✶ Las premoniciones o precogniciones muchas veces son sólo avisos que señalan que estamos llegando al final de una etapa o al inicio de otra. Algunas veces el mensaje no es directamente para nosotros, pero lo que podemos extraer de él, sí nos puede ser útil para meditar y reflexionar sobre nuestra vida.

Epílogo: La otra realidad

La cosecha de nuestra vida es el producto
de la siembra de nuestras acciones
pasadas y presentes, de ésta
y otras existencias

Vivimos en un universo material de siete dimensiones y poseemos siete cuerpos, envases o vehículos para actuar en esas siete dimensiones. Para activar la conciencia en cada uno de esos siete cuerpos, para actuar conscientemente en cada una de esas siete dimensiones, disponemos de siete vórtices o ruedas de energía que debemos aprender a activar a través de la sagrada respiración. Más allá de la séptima dimensión, como en la música, en una octava superior hay un universo paralelo a éste que ya no es material sino mental. Las dimensiones octava, novena y décima corresponderían a ese universo mental y, de la undécima en adelante, nos encontraríamos con un tercer universo espiritual. El universo espiritual creó al mental y el mental al material, de tal manera que Dios, que es uno solo, no nos creó a nosotros directamente, sino que lo hizo a través de jerarquías intermedias, a través de un grupo de seres ultraterrestres del universo mental llamados los «arcángeles», «hellel», «los resplandecientes», o también conocidos como «los hijos de Dios».

En nosotros se dan los tres planos: el material, el mental y el espiritual con la misma potencialidad creadora de un plano sobre el otro. En la medida en que crezcamos en consciencia, esto es, que seamos conscientes de esta multiplicidad de realidades, podremos actuar modificando, orientando y dirigiendo nuestra existencia a un sinfín de realizaciones y materializaciones de carácter trascendente.

Estamos pues en un universo material de siete dimensiones que se encuentra regido por siete leyeso o principios. Conocerlas y saberlas aplicar nos hace magos, maestros y alquimistas de nuestra propia vida, así como artesanos de la transformación planetaria. Podemos y debemos aprender a transmutar todo lo inconveniente que hay alrededor nuestro y dentro de nosotros.

Las siete leyes, principios o paradigmas son:

Ley #1. Todo es mental, que es lo mismo que decir que «uno puede crear lo que cree». Si creemos en cosas positivas, atraeremos y crearemos condiciones y circunstancias positivas a nuestro alrededor. Pero si, por el contrario, nos dejamos arrastrar por el negativismo y estamos todo el tiempo pensando en cosas negativas, las atraeremos y las materializamos en nuestra vida y también alrededor nuestro.

Todo es consecuencia de una actitud mental y de un acto de voluntad. Atraemos cosas a nuestra vida según la frecuencia de nuestros pensamientos.

«Si creemos, creamos». Nuestra mente es creadora. Es una parte ínfima de la esencia universal, pero semejante y proporcional a ella. Como dicen las Sagradas Escrituras: «Dioses sois, hijos del Altísimo». Debemos aprender a orientar y administrar de manera positiva esa divinidad creando realidades hermosas y positivas.

Este principio lo relacionamos y ubicamos con el vórtice de la coronilla, encima de la cabeza.

Ley #2. Así como es arriba es abajo, y viceversa. Esto significa que las mismas leyes que organizan el macrocosmos (es decir, el universo) regulan el microcosmos, que es el universo interior de cada uno. Si queremos conocer cómo funciona el universo, debemos empezar por conocernos primero a nosotros mismos. Si iniciamos el proceso del autoconocimiento sabremos cómo se mueve todo y cómo podemos modificarlo. Si queremos que nuestra pareja cambie, que cambien nuestros hijos, o que cambie nuestra familia, nuestro vecino y hasta el mundo, debemos empezar por cambiar nosotros, porque somos como un espejo mágico en donde todo y todos se reflejan. Si queremos que esa imagen cambie, tenemos que hacer magia interior para reflejarlo en el exterior. A través nuestro se inicia una reacción en cadena, porque somos dioses creadores, arquitectos de nuestra propia realidad.

Este principio nos recuerda nuevamente que, si Dios es creador, nosotros también lo somos, pero a diferencia de Él nosotros no podemos hacer algo de la nada, sino que recreamos las cosas existentes en función de nuestras necesidades. Tenemos una potencialidad creadora que debemos activar.

Esta ley o principio lo relacionamos y ubicamos con el vórtice de la frente, situado en el entrecejo.

Ley #3. Todo vibra, todo está en movimiento, todo se mueve hacia un cambio, hacia su propia transformación, pero también este principio, ley o paradigma tiene que ver con el poder del sonido que se manifiesta en nosotros a través de la palabra como «la magia del verbo». Esto quiere decir que «uno concreta lo que decreta».

En el evangelio de Juan se dice: «En el principio era el Verbo (la palabra), y la palabra era Dios, y la palabra estaba al lado de Dios, y por la palabra todas las cosas fueron hechas».

Qué importante entonces es la palabra si se le asigna ese poder de materializar intenciones.

Debemos tener mucho cuidado con las cosas que decimos porque la palabra es creadora y tiene su propia carga vibratoria que puede contaminar el ambiente o lo puede elevar vibratoriamente.

Decía un adagio árabe: «Habla sólo cuando tus palabras sean más dulces que tu silencio». De tal manera que, si no tenemos nada bueno que decir, debemos aprender a guardar silencio.

La palabra o la vibración es la que da forma a las cosas. Por la palabra se puede construir o destruir. La palabra es una llave que puede abrir puertas entre las dimensiones, así como ampliar las conciencias y los corazones de los semejantes, pero sólo si se emplea adecuadamente.

Los científicos han desarrollado «la teoría de las cuerdas» o de un universo vibrante que se relaciona con todo esto.

Relacionamos y ubicamos este principio con un vórtice situado a la altura de la garganta.

Ley #4. A toda fuerza se le opone otra contraria de igual intensidad. Uno mide la importancia de las cosas que realiza en la vida por el grado de dificultad que se genera como reacción contraria.

La vida se encarga continuamente de ponernos a prueba para fortalecer nuestra voluntad y nuestras convicciones, pero muchas de estas pruebas son consecuencia de la acción generada por nuestras propias decisiones y actitudes previas. Los cristales se forman en el interior de la Tierra a grandes presiones. Exactamente igual ocurre con el ser humano que se va perfeccionando a través de presiones, pruebas y dificultades que se le van presentando en el camino de la vida.

El problema en la vida no es cuando hay problemas, sino cuando no los hay, porque entonces debemos pensar que lo que estamos haciendo no tiene mayor trascendencia porque no genera una fuerza contraria, o que en cualquier momento se darán las dificultades que se encuentran como represadas y hay que estar preparados para ello.

En el libro de *El Quijote*, Miguel de Cervantes pone en boca del famoso hidalgo estas palabras: «Ladran los perros Sancho, señal de que avanzamos».

Para que podamos orientar las fuerzas de la vida en nosotros y a nuestro alrededor, debemos aprender a manejar nuestros sentimientos y nuestras emociones, y no dejar que éstos nos dominen a nosotros. Pero sí es importante que para que se imponga aquello que consideramos lo mejor, aportemos pasión y sentimiento.

Este principio lo ubicamos en el vórtice situado a la altura del corazón.

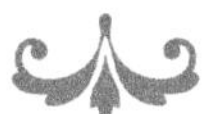

Ley #5. Todo va y viene siguiendo un ritmo. Nada permanece igual para siempre. Todo está sujeto a fluctuaciones, todo cambia, todo está sometido a variaciones y a permanentes modificaciones; todo se mueve como un péndulo. No siempre estaremos bien, ni siempre mal. «Cuanto más oscura está la noche, señal es de que el día está más cerca».

Todo en la vida está sometido a ritmos que pueden y deberían llegar a ser controlados por nuestra voluntad y conciencia. Nuestra vida puede y debe ser dirigida y orientada, procurando lo mejor, aprendiendo previamente a reconocer qué es lo mejor. Debemos ser capaces de lograr un equilibrio, para que los ritmos se sujeten a nosotros y no nosotros a ellos.

Este principio lo ubicamos en el vórtice a la altura del plexo solar, situado ligeramente por encima del ombligo.

Ley #6. Toda causa tiene su efecto; todo efecto tiene una causa. Todo obedece a leyes y principios universales. Nada ocurre porque sí, todo es producto de una razón o motivo, y además, todo apunta en una dirección.

Dicen las Sagradas Escrituras: «Haz con otros lo que quisieras que hicieran contigo; no hagas a otros lo que no quieres que te hagan a ti». He aquí la regla de oro del comportamiento en nuestra vida para construir una atmósfera alrededor nuestro de paz y armonía.

Los seres humanos somos el resultado de nuestras existencias pasadas; nadie está improvisando el camino. Todo en nuestra vida es consecuencia de las necesidades de nuestro actual aprendizaje y de las decisiones, pensamientos y actos con los que sembramos nuestro camino a lo largo de todas nuestras existencias, incluyendo la presente. La cosecha de nuestra vida es el producto de la siembra de nuestras acciones.

Esta ley universal es la base del concepto de la reencarnación, de la existencia de las vidas sucesivas como proceso de aprendizaje y crecimiento.

Este principio lo ubicamos en el vórtice situado y que corresponde a los órganos sexuales.

Ley #7. Todo tiene su principio masculino y femenino, su positivo y su negativo; todo busca su complementación. Los opuestos son necesarios para el crecimiento de ambos. Todo en el universo busca su complementación, la luz y la oscuridad, lo bueno y lo malo.

Con el tiempo uno llega a darse cuenta de que hasta lo malo

en la vida no es tan malo porque hace que lo bueno sea mejor. ¿Quién sabría valorar la luz del día si antes no hubiera pasado por las tinieblas de la noche?

Este principio de generación requiere de la fuerza más poderosa del universo que es el principio creador del Amor. El amor es una manifestación de la energía capaz de vencer a la muerte.

Este principio lo relacionamos y ubicamos con el primer vórtice situado a la altura del coxis.

Viviendo la vida de todos los días, a través de nuestras acciones, pensamientos y sentimientos, estamos accionando estas leyes. Cada vez que emitimos una oración, realizamos un ejercicio de canalización de energías, creamos mentalmente una cúpula de protección, hacemos una cadena de sanación o de irradiación al planeta, o una imposición de manos a alguien, o deseamos algo con fe, estamos accionando de una forma consciente, productiva, y positiva, las leyes y principios universales.

Siempre que realizamos con convicción prácticas de respiración, relajación, concentración y meditación orientadas hacia un fin determinado, estamos accionando creativa y constructivamente las leyes y los principios universales. Por eso es muy importante la capacidad y la seguridad que llegamos a desarrollar con ejercicios y prácticas dirigidos a enfocar nuestra atención y energía en tal o cual dirección, para uno u otro resultado.

Como existen tres universos, cada uno contenido dentro de otro, contamos con cuerpos o vehículos para interactuar y para poder evolucionar en ellos y crecer en conocimiento y experiencia, .

Los siete cuerpos del ser humano que le permiten actuar en el universo material de siete dimensiones, son:

1. El *cuerpo físico denso material*: es el envase biológico que nos permite desarrollar todas las actividades y relaciones con los demás durante nuestra breve existencia material.
2. El *cuerpo astral*: es el vehículo de las emociones y los deseos. Se encuentra unido al cuerpo físico por el cordón de plata, que se quiebra cuando morimos. En el capítulo 12 versículo 6 del Eclesiastés en la Biblia se dice que cuando uno se muere «se rompe su cordón de plata». Lo dice la Biblia antes de que lo mencionara Lobsang Rampa.
3. El *cuerpo mental inferior*: es la personalidad y el carácter. Este vehículo es como el personaje que se le asigna al actor o a la actriz dentro de la obra, que permite que aquél despliegue sus dotes histriónicas.
4. El *cuerpo mental superior* o nuestra cuarta dimensión: es el cuerpo donde se encuentra todo nuestro potencial psíquico y la percepción extrasensorial.
5. El *alma* o la *catedral del espíritu*: es el acopio de experiencias de nuestras vidas pasadas. Allí se encuentran nuestra misión y nuestro nombre cósmico o clave vibratoria personal, una suerte de mantra individual (sonido primordial) con el que, a través de la meditación, podemos descubrir nuestra misión en la vida, así como toda la sabiduría dormida que reposa en nuestro interior y hasta los recuerdos de vidas anteriores.
6. El *espíritu*: es la conciencia o nuestro maestro interno.
7. La *esencia*: sería nuestra esencia divina.

En el ser humano se dan los tres universos en los tres planos de conciencia, el físico, el mental y el espiritual. Los primeros tres cuerpos, el físico, el astral y el mental inferior, constituyen el *plano de la conciencia material*, y nos conectan a través del plano material con el universo material de siete dimensiones.

Los cuerpos mental superior, el alma y el espíritu, constituyen el *plano de la conciencia mental*, y nos conectan, a través del plano mental, con el universo mental de tres dimensiones.

El séptimo vehículo, que es nuestra esencia, también se divide en tres: voluntad, sabiduría y amor, que se constituyen como el *plano de la conciencia espiritual* que nos conectan, a través del plano espiritual, con el universo espiritual de la undécima dimensión en adelante.

Nosotros podemos vivir simultáneamente en las siete dimensiones del universo material, y a través de los planos de conciencia, en los tres universos. Sólo necesitamos primero darnos cuenta de esta multiplicidad de realidades (proceso que conocemos como el «despertar la conciencia»), después fortalecer la voluntad y, finalmente, mantener la conciencia despierta para iniciar el ascenso.

¿Y cómo hacerlo? Lo interesante es saber que la forma no es lo más importante, sino la actitud. Técnicas hay muchas, lo importante es creer en lo que estamos haciendo y en su resultado final para lograr nuestro objetivo. Si no es así, estaremos pasando de una técnica a otra, de una forma a otra sin avanzar ni profundizar en nada.

Sobre el cuerpo astral

Durante el sueño siempre nos desdoblamos, desprendiéndonos del cuerpo físico y viviendo experiencias en la dimensión del astral. Podemos decir que todos los sueños son viajes astrales, pero que no todos los viajes astrales son sueños. Uno puede desdoblarse sin estar durmiendo, para lo cual bastará con una relajación profunda o una meditación.

El viaje astral, como decíamos, es algo que de manera natural y espontánea, realizamos todas las noches durante el sueño. El viaje astral es ingresar en otra realidad, una realidad interna y manifestación de otro plano de experiencias.

Recordemos que, antes de nacer, estábamos en el mundo astral; durante el sueño volvemos al astral y al fallecer regresamos allí. Si ese otro plano es tanto o más real que el físico, ¿por qué solemos olvidar lo que vivimos allí? Y es que recordar los sueños es parte del proceso de evolución de la conciencia.

Así como por la mañana nos despertamos y luego nos levantamos de la cama, igualmente se requiere que despertemos la conciencia a todo el universo de posibilidades que nos rodea. Debemos abrir los ojos a una realidad que, aunque se nos presenta esquiva, no deja de existir, manifestarse y actuar influyendo en nuestro mundo material.

Recordar los sueños es síntoma de avance en el despertar de la conciencia, aunque no en todos los casos. Pero lo más importante es la capacidad de interpretación de los mismos. Los sueños pueden ser vivencias reales en esa otra dimensión o mensajes que afloran del subconsciente o del inconsciente, tratando de enseñarnos, recordarnos o advertirnos algo. Son una forma que tiene el maestro interno (el ser real) de comunicarse con nosotros a través del lenguaje simbólico. Podemos distinguir entre varias clases de sueños:

a. Sueños reales o experimentales: suelen ser verdaderas experiencias en el astral paralelas a las de la vida material o en las que recibimos una instrucción o una capacitación. A veces somos nosotros los que aparecemos dándosela a otro.

b. Sueños simbólicos: contienen imágenes para ser interpretadas (por muy extrañas y descabelladas que parezcan), y a través de las cuales nuestro maestro interno está buscando dialogar con nosotros o advertirnos de algo.

c. Sueños precognitorios o premonitorios: son generalmente avisos sobre eventos futuros que actúan como mecanismo de protección o como adelantos y señales para que sepamos que nuestra vida está siguiendo una programación (que en cualquier momento puede variar con el ejercicio de nuestra voluntad).

d. Sueños recuerdos de vidas pasadas: en los que llegan a aflorar imágenes de existencias anteriores o de momentos significativos de nuestra experiencia y existencia actual.

e. Sueños de imagina*ción*: en los que la mente se limpia de todas las impresiones, temores, angustias, ideas obsesivas y preocupaciones que arrastramos.

Muchas veces los sueños aparecen mezclados, y un mismo sueño puede ser en parte real, simbólico, premonitorio, recuerdo de vidas pasadas y hasta imaginación. Durante la noche no tenemos un único sueño sino varios que se mezclan a la hora de despertarnos. Debemos aprender a separarlos e interpretarlos con el uso de la intuición, la imaginación y la inteligencia para reconocer qué es cada cosa.

El principal problema que se nos presenta en los viajes astrales es el olvido de los sueños. Para recordarlos se recomienda que, debajo de la almohada o en una mesita al lado de la cama, dejemos un cuaderno y un lápiz para anotar lo que recordemos en el momento en que despertamos. Y esto porque, cuando abandonamos nuestro cuerpo en el sueño, es como un vaso de agua turbia, que al quedar en reposo, asienta en el fondo todo lo turbio. Después de la experiencia, el reingreso al cuerpo puede llegar a ser más o menos aparatoso de acuerdo con nuestra evolución, por lo que el vaso se agita y la experiencia se confunde mezclándose con los afloramientos de la imaginación.

Antes de iniciar la aventura del viaje astral consciente tenemos que superar los temores. Nada malo puede pasarnos que nosotros no permitamos durante un viaje astral consciente. El miedo es la puerta por la que llegan todas las acechanzas y los peligros. Y ese temor viene del hecho de que el viaje astral reproduce los síntomas de la muerte, de tal manera que las mismas sensaciones que percibimos cuando nos morimos se manifiestan cuando uno se desdobla conscientemente, entre ellas dejar de sentir el cuerpo y abandonarlo. Y esto es porque durante el sueño uno deja de ser la persona que cree que es para pasar a ser la persona que realmente es.

Si uno sabe y siente que está protegido (recordemos la existencia de nuestro aura), protegido está. Dejemos paso a la convicción y la seguridad de que contamos con la protección de entidades superiores en otros planos y dimensiones que nos apoyan y libran del acecho de entidades bajas astrales siempre que las convoquemos. Estos bajos astrales existen y pululan en esos planos buscando introducirse en el cuerpo de los encarnados. Pero el único peligro real es nuestra inseguridad y el temor.

Nadie te puede hacer daño si tú no se lo permites.

Práctica para recordar los sueños

Lo primero que se recomienda para empezar a recordar los sueños es acostarse temprano. Una persona cansada, agotada y tensa, con déficit de descanso, difícilmente podrá recordar sus sueños; por ello se requiere compensar esos déficits durmiendo más temprano, dándonos tiempo para relajarnos en la cama y luego llegar a hacer del acostarse temprano un hábito para levantarse temprano, así estaremos en armonía con el sol y la luna, lo que nos devolverá la salud y la armonía internas.

Al acostarnos temprano tenemos tiempo para relajar el cuerpo y realizar una breve meditación, lo cual nos inducirá al mundo astral con una buena vibración y actitud mental.

Se aconseja acostarse horizontalmente en la cama sin almohada para empezar la programación. Pondremos entonces las yemas de los dedos de las manos sobre nuestro pecho debajo del esternón y ligeramente por encima del ombligo. Los brazos flexionados permanecerán a los lados del cuerpo, los talones juntos o rozándose. Entonces tomaremos respiraciones muy profundas por la nariz, y con el vientre, con la boca ligeramente cerrada, produciremos una respiración silenciosa que procurará llenar al máximo la capacidad de los pulmones. Haremos cinco respiraciones utilizando el diafragma como si fuese un fuelle, realizando triángulos perfectos: inhalando lo más lentamente posible, reteniendo el mismo tiempo que inhalamos, y exhalando el mismo tiempo que retuvimos. Mientras efectuemos este proceso, nos iremos repitiendo mentalmente frases como: «Voy a recordar mis sueños» (al inhalar)... «Sabré qué estoy soñando» (al retener)... «Y seré guiado o asistido por seres de luz» (al exhalar).

Al término de las respiraciones profundas podremos emplear la almohada si queremos y nos acostaremos sobre el lado derecho en la «posición del león», esto es la pierna y el brazo derecho estirados, mientras que el brazo izquierdo y la pierna izquierda permanecen flexionados. El mentón se apoyará sobre el hombro. Esta posición facilita el desdoblamiento y la respiración sin oprimir el corazón. Se recomienda asumir esta postura después de haber realizado nuestras muy personales y acostumbradas evoluciones en la cama.

Una parte importante en el proceso de recordar los sueños es, al despertarse por la mañana, no abrir de inmediato los ojos, ni moverse siquiera, sino permanecer quietos por un rato y con los ojos cerrados haciendo de inmediato y allí mismo memoria de la experiencia astral. Si nos moviéramos agitando nuestros vehículos sutiles, confundiríamos la memoria astral con la consciente. También ocurre que si abrimos los ojos al despertar, dirigimos la atención interna hacia lo externo, perdiendo de inmediato la memoria astral, distrayéndonos y olvidando automáticamente lo vivenciado.

La memoria astral, al ingresar al consciente se hace muy frágil porque hay mecanismos llamados «velos astrales», que impiden los recuerdos y la conciencia astral para quien aún no está preparado.

Con los ojos cerrados y un mínimo movimiento que sería el que nos exije estirar el brazo para alcanzar un cuaderno y un lápiz, debemos disponernos a tomar nota de la experiencia astral que procuraremos recordar al detalle y en el momento. Al dejarla anotada, podremos seguir durmiendo sin temor a olvidar, ya que al despertar definitivamente, lo escrito nos servirá como clave de memoria.

Para el desdoblamiento astral en general se requiere entre otras cosas, como dijimos, una posición cómoda, preferentemente acostados en la cama, o en el suelo sobre una manta, o sentados sobre un sofá con un buen respaldo y grandes apoyabrazos. Al cabo de una buena respiración y una relajación profunda iniciamos nuestro trabajo con miras a abandonar lentamente y, paso a paso, nuestro cuerpo físico por un período corto de tiempo, procurando, antes que nada, perder el temor a dejar de sentirlo.

El primer paso lo debemos alcanzar con respiraciones lentas y profundas, después buscaremos una buena relajación para dejar de percibir nuestro cuerpo. A continuación nos imaginaremos que somos como una esfera de luz flotando en el interior del envase que es nuestro cuerpo, ubicándola exactamente en nuestro plexo solar. A continuación visualizaremos como esa esferita de luz sale sin dificultad como flotando por encima de nuestra cabeza, como si la cabeza se estirara, pudiendo llegar a ver nuestro cuerpo desde cierta altura. Después de un tiempo prudencial volvemos, descendiendo sobre nuestra cabeza y situándonos nuevamente en el pecho, sintiéndonos siempre esa esfera brillante.

Haremos un nuevo intento concentrándonos como para empezar a balancearnos como si fuéramos un péndulo, de tal manera que intentaremos salir por los lados del cuerpo balanceándonos hacia delante y hacia atrás. Una vez fuera, nos giraremos y procuraremos ver nuestro cuerpo físico allí tendido donde se encuentra. Después de un rato volveremos de la misma manera, ingresando por donde salimos.

Otra forma de salida, siempre a partir del plexo solar, es sentirnos flotando dentro del cuerpo y empezar por girar a gran velocidad, de tal manera que la fuerza centrífuga termine por sacarnos de nuestro cuerpo. Nos quedamos flotando por encima del cuerpo. Bastará con invertir el giro (fuerza centrípeta) o concentrarnos en un dedo del pie o de la mano sintiéndolo, para que caigamos en el cuerpo como una pluma al viento.

También podemos intentar deslizarnos por los pies o caer hacia atrás por la espalda como en una piscina. Y fuera del cuerpo nos giraremos siempre para vernos tal como somos y observar todo a nuestro alrededor para poder hacer después confirmaciones. Para volver, simplemente bastará desearlo.

Otra forma es, después de la relajación, imaginarse que nos levantamos dejando nuestro cuerpo al lado. Recordaremos entonces todos los detalles de la habitación y procuraremos a continuación desplazarnos hacia la puerta más cercana, que abriremos; de allí, siempre con la imaginación, recorreremos todo el lugar, abriendo y cerrando las puertas detrás nuestro. Procuraremos salir a la calle observándolo todo. Luego regresaremos, volviendo sobre nuestros pasos hasta encontrarnos con nuestro cuerpo, en el que ingresaremos lentamente. Al haber completado este reconocimiento mental del lugar, habremos adquirido la adecuada concentración y orientación como para intentar el desdoblamiento en serio y pudiéndolo sentir realmente y, a la vez, haciéndonos sentir.

La recomendación es que tenemos que focalizar nuestra atención en el proceso de desprendernos y no tenemos que preocuparnos en sentir el cuerpo durante el proceso de abandonarlo, o esto nos atraerá velozmente hacia él.

Otra posibilidad sería, en el caso de que no nos convenzan demasiado las anteriores, que sin mover nuestro cuerpo tratemos de incorporarnos astralmente, como sentándonos y girando para ver nuestro rostro, como si estuviésemos frente a un espejo; luego levantarnos parándonos y observando el cuerpo tendido en el suelo o sentado como lo hayamos dejado.

Cuando hayamos escogido elevarnos por encima de la cabeza, procuraremos mirar todo desde arriba, llegando a tocar el techo de la habitación y recordando que nuestro vehículo astral puede atravesarlo; por lo cual podremos flotar y salir al exterior, procurando fijarnos en algún hecho o circunstancia externa que después nos permita una verificación de la veracidad de la experiencia. Podremos por ejemplo ir a nuestras casas o a las de familiares y amigos, fijándonos en algo que posteriormente podamos cotejar.

Una vez que nos encontremos fuera de nosotros, y superada la sensación inicial de temor, podremos avanzar fijándonos en todo cuanto hay alrededor nuestro, pudiendo volar o atravesar puertas y paredes porque el astral no está sujeto a las leyes de la física material. Al principio de la práctica siempre es bueno solicitar una protección especial a los maestros de luz. Es muy probable que uno de ellos nos esté aguardando ya en el astral para orientarnos.

Las distancias se cubren astralmente a la velocidad del pensamiento por lo que se puede fácilmente realizar viajes a otros planetas sin necesidad de usar trajes espaciales y hasta conocer lugares recónditos de nuestro planeta atravesando muros, rocas y hasta montañas completas. El retorno lo realizaremos igualmente con tranquilidad y sin apuro, procurando no olvidar los detalles de la experiencia. Bastará simplemente con desear volver, procurando concentrarnos en alguna parte de nuestro cuerpo, para que vayamos entrando en él suavemente. Para poder viajar a otros mundos o a grandes distancias es necesario tener mucha vitalidad que permita que nuestro cordón de plata se estire. Esto se consigue con respiraciones lentas y profundas, así como con una alimentación natural y una vida sana. Sin preparación probablemente no salgamos ni del barrio.

Hay ocasiones en que uno sueña que sueña, y esto ocurre cuando uno recuerda un sueño dentro de otro. También hay casos en los que uno se despierta y no puede mover el cuerpo, quedándose como paralizado. Esto ocurre cuando nos falla la puntería y nos despertamos antes de haber reingresado en el cuerpo permaneciendo por encima de él. En ese caso para poder reingresar se recomienda concentrar la atención en alguna parte del cuerpo y tratar de sentirla. No hay posibilidad alguna de que nos quedemos fuera.

A nivel astral es posible que uno se relacione con espíritus afines a quienes jamás ha conocido físicamente, estableciendo con ellos una conexión intensa; si se llega a encontrar con esas personas físicamente sentirá conocerlas de siempre.

Las pesadillas son muchas veces experiencias en el bajo astral con entidades bajas. Llegamos a estas experiencias cuando estamos atravesando una etapa de mucha densidad vibracional en nuestra vida, tristeza, confusión, depresión, angustia o, a veces, simplemente por una mala digestión.

A nivel astral uno puede llegar a tener contacto directo con los extraterrestres y hasta subir al interior de sus naves como una forma de preparación para experiencias físicas posteriores.

La vida y la muerte

La muerte es sinónimo de cambio en un universo dinámico de transformación continua. La muerte no existe realmente como el final último de la vida porque es simplemente un cambio de traje. El ser humano es como un actor de una obra teatral, que una vez que la obra termina, marca la distancia entre el personaje que le tocó vivenciar y su verdadera identidad. No podemos identificarnos demasiado con el personaje porque es meramente transitorio. Y a un papel le siguen otro y otro.

La muerte es como el examen final al término del curso escolar. Si uno ha estudiado, tendrá unas estupendas vacaciones y estará mejor preparado para el próximo año. Pero si uno no estudió durante el periodo que correspondía, obtendrá un suspenso y tendrá que repetir.

Por la misma razón que somos creados, tenemos la capacidad de crear. Si no tuviésemos la oportunidad de llegar a conocer la esencia divina que hay dentro de cada cual, no podríamos llegar a conocer a Dios. Hemos venido a conocer y a ser conocidos. Si uno no muriese, si no tuviéramos un plazo, no valoraríamos la oportunidad que nos concede la vida para llegar a dar su justo valor a las cosas. Y es que todo tiene un tiempo y un margen para ser realizado. Cada plazo, como cada vida, es una oportunidad de hacerlo de tal o cual manera, experimentando y perfeccionándonos. Es un juego cósmico de alternativas en el que vamos ensayando diversas formas. Una aventura de crecimiento.

Vivimos y morimos para aprender, para crecer en conciencia y para llegar a saber valorar lo que realmente tiene valor.

Somos el producto de un acto de amor, no sólo de nuestros padres, sino de la vida misma. Nadie quiere nuestro sufrimiento ni hemos nacido para sufrir, sino para aprender y madurar dando fruto. Cada uno debe aprender a vivir y a morir.

El orden de la energía en el universo apunta hacia la existencia y la perfección por experimentación continua a través de la forma. A mayor conciencia mayor injerencia en la organización de nuestra aventura de vida y muerte, de nacimiento y renacimiento. Al principio uno no tiene la capacidad ni la posibilidad de decidir, porque es como el niño que es enviado por sus padres al colegio. Lo envían considerando que es lo mejor para él, sin ni siquiera haberle consultado su parecer, pues ellos saben que esa educación le permitirá algún día tener la capacidad de optar por sí mismo cómo enfrentará las siguientes etapas.

Así, cuando ese niño crece y llega a la adolescencia y a la juventud, se le debe ir dando un margen cada vez mayor como para que pueda decidir por él mismo su futuro.

Hay unas entidades espirituales que se llaman los «guardianes del destino» que rigen los nacimientos y las encarnaciones. Ellos son los que asumen la condición de padres o apoderados espirituales nuestros, dictaminando las circunstancias en las que vendremos a la vida, hasta que nuestro avance evolutivo nos permita negociar o decidir las condiciones de cada existencia.

A mayor avance evolutivo, mayores serán nuestras posibilidades de intervenir en la programación de nuestras existencias.

Todo se negocia: desde la cantidad de años que vivirás en tu próxima vida, hasta el sexo, los padres, los familiares, la raza, la condición social, el país, el signo zodiacal (que influirá pero no determinará), tus relaciones, las pruebas de tu vida, las ayudas que recibirás, etc.

Como dijimos antes: a mayor nivel de evolución y conciencia, mayor capacidad de escoger y negociar las circunstancias de tu siguiente existencia.

Es cierto que existe una ley de causa-efecto que hace que uno viva en carne propia las consecuencias de sus actuaciones buenas o desacertadas; pero el propósito no es hacer sufrir a nadie, sino darnos cuenta y entender el sentido de la vida y las consecuencias de nuestras acciones.

Todos pasamos por todas las experiencias humanas, de tal manera que en una vida seremos hombres y en otra mujeres (porque el espíritu no tiene sexo); en alguna seremos pobres y en otra ricos; en alguna sanos y en otra enfermos; y así todas las posibilidades para que aprendamos a ser solidarios y compasivos, para que lleguemos a ser capaces de perdonarnos y perdonar los errores de otros.

Todos tenemos un destino que es parte de la programación que dispone cuándo naces y cuándo te vas. Pero todo puede variar dependiendo del nivel de consciencia que desarrolles y de cómo enfrentes la vida. Por ejemplo, un suicida puede morir antes de la fecha que estaba prevista, renunciando con ello a la oportunidad que le daba la vida para evolucionar; una persona que está tratando de cambiar y ser mejor o alguien muy comprometido con el amor y el servicio a los demás, muere. Pero en el momento del tránsito ve asomarse, a través de un túnel de luz, a un ser celestial o a un pariente que le inspira confianza, que le hace saber que se le va a prolongar el plazo, y termina por vivir unos años más de lo que estaba previsto inicialmente, pues lo estaba haciendo bien. En ese mismo momento, la persona se recupera increíblemente, literalmente resucitada por los médicos, que ya la daban por perdida.

No hay nada definitivo. El destino no es algo inamovible, se puede variar. Por eso existe el libre albedrío: para demorarnos más o menos en hacer lo que debemos hacer, creciendo y madurando en conciencia.

El temor a la muerte surge de la ignorancia y el olvido de los que somos víctimas, por nuestra falta de avance. Por ello es importante que nos esforcemos en profundizar en el autoconocimiento y recordemos que la muerte es una vieja conocida, y que es amiga, no enemiga, y nos acompaña siempre. No hay nada que temer... Nada llega antes si uno no lo busca. Si nos comprometemos en darle sentido a la vida, nuestra labor no será desaprovechada por las jerarquías superiores y durará todo lo necesario para cumplir su objetivo que es nuestra realización progresiva a través del servicio a los demás.

La muerte es tan sólo el plazo para hacer y crecer. Es un recordatorio de que debemos valorar y aprovechar el tiempo que se nos ha otorgado, dándole sentido y trascendencia.

Cuando una persona fallece, su cuerpo físico muere, pero no así los demás vehículos. Como se ha dicho antes, suelen pasar tres días antes de que muera el cuerpo astral (cuerpo de emociones y deseos) y el cuerpo mental inferior (que es el carácter y la personalidad). Durante esos tres días la persona hace balance de lo que ha sido su vida y visita los lugares y a las personas con las que se relacionó; luego suele marcharse abriéndose delante de ella un túnel al final del cual hay una luz hermosa que lo atrae. El tiempo en esa otra dimensión no corre igual que aquí, por lo que esos tres días pueden ser segundos o minutos allí.

Hay quienes no logran desprenderse tan fácilmente de sus vehículos por los apegos que siente tanto a su persona como a sus familiares, lo cual genera una lenta agonía que puede durar días, semanas, meses o años, en la que la persona se queda en el bajo astral. También suelen quedarse allí aquellas personas que murieron antes de tiempo porque se suicidaron directa o indirectamente (el alcohol, el tabaco, las drogas, los deportes de alto riesgo, etc.); también pueden permanecer en el bajo astral personas que murieron en un accidente, por una enfermedad que les hizo perder la conciencia o durante el sueño de tal manera que no se enteraron de lo que les pasó.

Uno puede interceder por estas personas pensando en ellas positivamente u orando por ellas. Estas personas atrapadas muchas veces buscan comunicarse con nosotros a través de los sueños o de fenómenos de movimientos de objetos (*polstergeist*), pidiendo nuestra ayuda.

Cuando atravesamos el portal nos sale al encuentro un ser de luz que puede asumir la apariencia de un familiar o conocido que nos da confianza para hacer el tránsito, pero no necesariamente son la persona que aparentan, pues muchas veces los seres de luz asumen apariencias cercanas a nosotros para que nuestro tránsito sea más fácil.

En el otro plano uno va a una suerte de clínica u hospital donde va a ser internado para curarse de sus emociones y sentimientos mal encaminados, de sus resentimientos y rencores, de sus miedos y dudas. Y en la medida en que la persona vaya tomando conciencia se irá restableciendo, y tendrá la oportunidad de ayudar a otros a hacer lo mismo.

De ese hospital de almas va uno a la escuela de espíritus donde le enseñan y le recuerdan las leyes y los paradigmas del universo, sobre todo la ley de consecuencia para que reflexione sobre sus procesos anteriores. Al final del curso la persona debe hacer y presentar como un trabajo analizando lo bueno, lo malo y lo feo de su vida anterior, y planteando qué debió haber hecho y no hizo, y qué hizo mal y deberá corregir en el futuro.

De la escuela de espíritus uno espera a ser llamado al concejo kármico, donde lo aguardan los «guardianes del destino». Ante ellos tendrá que sustentar una suerte de tesis o proyecto de investigación sobre su propia existencia futura y tendrá que negociar las condiciones de su próximo nacimiento.

La vida es una experimentación. Si uno sale suspenso en tal o cual aspecto o curso –por así decirlo–, deberá repetirlo hasta que lo supere. Pero nunca es un castigo sino una nueva oportunidad.

KOLIMA
BOOKS

www.ingramcontent.com/pod-product-compliance
Ingram Content Group UK Ltd.
Pitfield, Milton Keynes, MK11 3LW, UK
UKHW021659190726
13853UKWH00001B/351